PLATFORM WAR
平台战争
移动互联时代企业的终级PK

[韩] 赵镛浩 ◎ 著   吴苏梦 ◎ 译

北京大学出版社
PEKING UNIVERSITY PRESS

图书在版编目（CIP）数据

北京市版权局著作权合同登记　图字：01-2012-7422

平台战争：移动互联时代企业的终极PK /（韩）赵镛浩著；吴苏梦译. —北京：北京大学出版社，2012.8

ISBN 978-7-301-20861-8

Ⅰ.①平… Ⅱ.①赵…②吴… Ⅲ.①移动通信－互联网络－企业竞争－研究－世界 Ⅳ.①F626.5

中国版本图书馆CIP数据核字(2012)第132443号

Copy © Cho,Yong-Ho (Brad Cho)
All rights reserved.
Chinese(simplified) edition Copyrights © 2011 by Bejing RZBook Co.,Ltd
Chinese(simplified) translation rights arranged with Book21 Publishing Group through M.J.Agency

本书简体中文版由北京大学出版社出版。版权所有。未经出版者书面允许，不得以任何方式复制或抄袭。

书　　　名：	平台战争——移动互联时代企业的终极PK
著作责任者：	[韩] 赵镛浩　著　吴苏梦　译
责 任 编 辑：	李　东　闫　勤
标 准 书 号：	ISBN 978-7-301-20861-8/F·3222
出 版 发 行：	北京大学出版社
地　　　址：	北京市海淀区成府路205号　100871
网　　　址：	http://www.pup.cn
电　　　话：	邮购部：62752015　　发行部：62750672
	编辑部：82632355　　出版部：62754962
电 子 邮 箱：	rz82632355@163.com
印　　刷　者：	北京正合鼎业印刷有限公司印制
经　销　者：	新华书店

787毫米×1092毫米　16开本　14印张　180千字
2012年8月第1版　2012年8月第1次印刷

定　　价：36.00元

未经许可，不得以任何方式复制或抄袭本书之部分或全部内容。
版权所有，侵权必究
举报电话：010-62752024　电子邮箱：fd@pup.pku.edu.cn

前言
为什么商业的未来是平台

去年我去一趟巴黎,漫步塞纳河边,不觉间就到了一个礼品摊前,摆满一人高陈列台的小商品闯入我的眼帘。这些小物件的包装纸上逼真地印着卢浮宫和奥赛美术馆里的名作,打开包装,一个约10厘米高的精巧八音盒跃然掌心。我轻轻拨转旋柄,随着盒中小小圆筒的转动,美妙的音乐流转而出。经过打听我才知道,这种八音盒是一家德国玩具公司制造的,尤以这个系列的人气最旺。八音盒的音乐分古典、现代、影视、传统等多个流派,分别用印有相应风格艺术品的包装纸加以装饰,方便顾客从令人眼花缭乱的八音盒中挑选中意的产品。

我猛然意识到,这个八音盒系列使用的正是平台战略。除了圆筒上的图案和盒中的音乐不同之外,音盒的其他构造都是不变的。这家聪明的玩具公司在共享平台的基础上,仅仅依靠变换音乐和包装就做出了数目众多的不同产品。可见,只要利用好共享平台,就能以较低的成本,生产出满足人们不同喜好的多种产品。

本书要探讨的就是平台。它好比盛放物品的容器,本身虽不完整,却有无穷无尽的变化,从礼品摊的八音盒到苹果公司的iPhone,都无一例外地使用到共享平台。而我就从这个特点开始讲起。

如果说第一代信息革命开始于处理互联网信息的个人电脑，那么第二代信息革命则致力于网络运营的系统化，实现网络与移动设备、平板电脑、电视等消费家电的连接。有趣的是，第二代信息革命的主人公并不是移动通信运营商或手机制造商，而是谷歌、苹果、亚马逊这类平台企业。我将带领读者一起审视苹果、谷歌、微软、Facebook等不同领域的领军企业间的平台竞争，探讨其中的战略问题，并在宏观上展望平台竞争将会对我们产生怎样的影响。因为平台才是引领革新、重新绘制全球产业地图、把握商业主导权的金钥匙。

在行业界限愈发模糊的今天，平台强者正围绕着移动领域和互联网世界的领导力展开激烈的角逐。他们围绕平台展开的战争已经超越了单个商品或企业的范畴，汇聚成一股撼动整个产业根基的巨型暴风，而企业竞争也从单一的生产竞争、供给竞争过渡到了商业生态系统竞争。在我看来，近来业界发生的许多事件只有通过"平台竞争"这一视角才能窥及本质。

平台战争正上演得如火如荼。当下就为它著书立说，似乎有些鲁莽。如果说《列国志》和《三国志》都是冷眼旁观战争后才开始撰写的史书，那么《平台战争》书写的就是现在进行时。在现实状况不断变化、势力结构不断调整的当下，我们有必要对其进行讨论。哪怕只是沧海一粟，我也为能够参与这种研究而感到兴奋。

在本书中，我主要探讨平台竞争发生的原因以及在主要商业领域引发的变化。在第一章简述平台的发展历程之后，我在第二章正式进入对平台的探讨，从共享平台和双边市场等多种角度审视平台。在第三章，主要介绍苹果、谷歌等巨头的平台战略以及他们的竞争方式。第四章着重讨论广告、搜索、位置信息等重大竞争领域。最后在第五章，对近年来的平台竞争进行总结回顾，并展望未来世界在平台的影响下可能发生的变化。

由于平台在移动互联时代具有的意义日益重大，竞争实例分析就成了本书的主要内容。这些实例无不体现着"平台是可以适用于任何场合的强大工具"这一中心要旨。

最后，我要向为本书问世提供帮助的诸位朋友表达诚挚的谢意。感谢过去一年半的时间里与我同甘共苦的赫尔辛基经济学院MBA课程的同学们，你们的激励是我创作过程中的巨大动力。此外，我还要向出版社的各位同仁表达衷心的感激。以前，我总认为著书人对家人表示感谢有点俗套，可是在本书完成之际，我却认为这是必需的。我要把这本书献给总是在第一时间阅读我粗糙文稿并给予意见的太太，献给因为我忙着写书而忽略了的孩子，还有我的小儿子，不知是不是为了不让我这个写书的老爸心烦，他足足晚了三个月才学会走路。

目 录

前　言　**为什么商业的未来是平台** / I

第一章　平台时代的到来

处在平台战争中的当今世界 / 3

什么是平台 / 9

市场需要平台 / 16

第二章　平台面面观

审视平台的视角 / 29

双边市场——网络膨胀的精髓 / 35

平台导向支配型企业 / 47

Web 问津于平台 / 54

第三章　平台企业巨头及其竞争方式

日益激烈的战争——平台战争 / 65

平台企业巨头 / 69

苹果——控制用户体验的垂直型企业 / 74

谷歌——构筑超越政府的经济数据王国 / 89

微软——没落PC王国中健在的帝王 / 100

I

Facebook——社交网络的无限可能 / 113

Twitter——140字构筑微博世界 / 122

书写历史新篇章的企业 / 129

第四章　平台竞争大事记

进入网络的要道——浏览器 / 141

移动的核心——位置信息 / 145

潜在的货币制造者——广告 / 150

信息越多越进步——搜索 / 161

支付也用平台 / 165

沟通方式的平台化 / 173

在云端聚来散去——"云"技术 / 179

迎合消费者需求的智能电视 / 185

第五章　备战新纪元

平台战争是否存在赢家 / 195

企业是否需要平台 / 200

面对以美国为中心的平台领导者，我们能做什么 / 205

开启未来之门 / 210

后　记　平台企业的未来 / 213

第一章

平台时代的到来

诗人金东焕在其著作《北青水贩》中，描写了每日早起打水又消失在远方的水贩的故事。从一个来自北青的进京少年打来公园的泉水卖给村民开始，北青水贩逐渐形成一个有组织的团体，兴盛了数十年。但自1920年国家建设自来水管道开始，这个组织就逐渐消失了。

就像北青水贩让位于自来水管道系统一样，目前经营状况良好的企业有一天也可能会被更加高效的平台所取代。

让我们记住这一点：无法满足时代要求的系统迟早会被淘汰。

处在平台战争中的当今世界

　　随着互联网的发展，企业拥有的网络规模大幅增加，紧张的气氛在企业间相互重叠的领域日益加强，他们相互试探向对方的领域扩张自己的事业。各大企业层出不穷的新举措往往在第一时间被炒得沸沸扬扬，而后又迅速销声匿迹。不过，对某项举措的取舍让企业一招定胜负的情况也时常发生。在当今社会，技术和服务的发展以及创新的速度都在日益加快，拥有强大平台和庞大客户网的企业互相之间的竞争比以往任何时候都激烈。虽然我们难以预见谁才是最终的赢家，但至少可以确信两三年后的情形与现在会有很大的不同——因为我们已经处在这种巨大变化的进程之中了。有人把目前的这种竞争形象地表述为"平台战争"。

平台成为人们关注的焦点

　　自从提姆·奥莱利提出 Web 2.0 概念以来，他的欧莱利技术咨询公司每年都会举行有关 Web 2.0 技术更新和主要商业案例的会议，其代表性活动就是"Web 2.0 博览会"和"Web 2.0 峰会"。

2009 年于旧金山举办的 Web 2.0 博览会的主题是"平台的力量"（The Power of Platforms），次年于纽约举办的主题是"为了成长的平台"（The Platform for Growth）。在主办方的说明中，刊载了这样一句话："10 年前，美国的雅虎、AOL、谷歌、亚马逊、EarthLink、eBay 等公司就如何使用 Web 这一问题竞相角逐霸主地位，获胜者即赢得用户。而今，Facebook、Twitter、必应等年轻选手相继登场，新一轮的战争又开始了。"

Web 2.0 博览会主要探讨技术问题，而 Web 2.0 峰会则讨论贸易和战略议题。2010 年峰会的主题是"边界之争"（The Points of Control），针对平台企业间的竞争及个别战略问题展开讨论和发言。有意思的是，主办方将各大企业围绕下一代 Web 和服务展开的竞争态势绘制成了在线地图（见图 1-1），状如历史上各国的领土之争，提供给与会者。

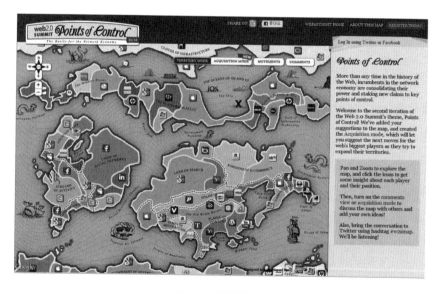

图 1-1　边界之争

这些领土分为位置信息、社交媒体、广告等几大类别，在线地图标示出各企业在相应领域中所拥有的实力。例如在搜索领域，图中呈现出谷歌占据绝大部分领土、微软必应搜索和雅虎搜索各自割据一方的格局。这种地图的主要功能还包括一旦选定某个企业，图中即呈现出一根简洁的线条，显示该企业正从自己的固有领土向哪些领域拓展。尽管这种地图还有待进一步改进才能反映瞬息万变的企业竞争及市场占有率情况，但就短时间内了解当前平台的竞争状况来说，不失为一个很好的工具。

2009年Web 2.0峰会探讨的主题是Twitter这类社交网络平台所导致的呈几何级数增加的信息量以及处理信息方式的"网络平方"（Web Squared）。之后不到一年，这个主题就被"边界之争"所取代，几乎所有的发言都离不开"平台"这个词语。平台在如此短时间内即引起世界范围的瞩目实属罕见，尽管人们对平台的评价仁者见仁、智者见智。

巨头企业的领导者们对平台的看法

"诺基亚的平台着火了，我们必须有潜入冰海的准备。"诺基亚CEO史蒂芬·埃洛普曾发送这样一封电邮以警示员工。虽然诺基亚平台"着火"的原因是企业自身存在的问题，但将之拖入火海的不是别人，正是安卓手机和iPhone。与其说是曾让诺基亚自豪的世界第一销售量和优秀塞班移动操作系统平台着了火，还不如说是诺基亚越来越远离了"商业生态系统"诸参与者的关注。

苹果进入移动领域不过几年时间就在收益上击败了以诺基亚为首的竞争对手。史蒂夫·乔布斯在介绍MacBook Air时说："我们在自主研发的（iPhone等设备使用的）iOS操作系统上获得了灵感，现在我们想把那些东西再移植入Mac电脑之中。"不难看出，在成为移动行业的领跑者后，苹果又雄心勃勃地要把自己的成功模式移植到传统PC市场，以期再次上演奇迹。为了再铸辉煌，苹果必须利用忠诚度极高的iPhone等产品的开发小组和用户群。这单靠品牌效应远远不够，苹果必须使既有的以网络形式连接用户群的移动平台和传统PC平台互连起来。

据调查，微软Windows操作系统在传统PC市场拥有压倒性的占有率，但自苹果推出PC电脑后，其市场占有率跌到了90%左；iPhone的出现使其智能手机的占有率更是降到了10%以下。对微软来说，移动领域带来的威胁远远大于机遇。微软的CEO史蒂夫·鲍尔默对谷歌同时开发以手机和Web为基础的两个操作系统表示不解："我不懂谷歌为什么认为有必要开发两个操作系统（Chrome和安卓），似乎有必要问一问他们究竟在想些什么。"在以操作系统获得大部分企业利润的微软看来，谷歌推出免费操作系统——而且是两个——显然是不恰当的。

虽然比iOS系统上市晚了几个月，但却是目前唯一能够和苹果抗衡的安卓操作系统获得了巨大成功，一如谷歌所预期的。在曾一度质疑谷歌意图的移动通信商和手机制造商那里，安卓操作系统成了备受瞩目的方案，并且开始向智能电视和其他消费家电领域扩张。埃里克·施密特说："控制和排他的传统模式即将被快速、共享、免费的模式所取代。"此外，谷歌还推出把网络浏览器当操作系统使用的Chrome操作系统，并将超越Web的"云"技术和消费家电上运用的诸多技术纳入谷歌的领域之内。不过即便如此，谷歌还是有无法轻易涉足的领域，那就是维持人际关系的社交网络。

Facebook的创始人马克·扎克伯格说："过去我们也许只是把Facebook当做一个简单的应用，但是未来它必将成为一个让人们随时随地交流、分享经验的平台。"他指出让Facebook短期内获得成功的一大要因就是以社交文化为基础的平台。就在几年前，还没有人认为社交网络能够和平台很好地衔接起来，但是如今，社交网络已经变成一个高效的平台，发挥着支撑互联网的作用。Facebook的影响力也波及了整个互联网，起到了一种网中网（Metaweb）的作用。现在我们即使不登录其他网站，互联网上可供推荐的信息也可以多种方式链接到 Facebook 上，Facebook 再将 Web 信息分门别类地整理保存。

说到信息，就不能不提另一个社交网络——Twitter。如果说 Facebook 是以人际网络为基础的社交平台，那么 Twitter 就是以信息网络为基础构建的另一种社交平台。

Twitter 的产品负责人埃文·威廉姆斯说："虽然窗户是透明的，门却是敞开着的……窗户能让诸位看到发生的事情，而门却能让人们进来参与你想做的事情。"开放门户，使来自第三方的改善和创新成为可能，是 Twitter 成功的重要因素。Twitter 在继续扩充注册用户数目的同时，寻找长期发展的方向。它谋求向主导性更强的平台发展，摸索超越社交网络、最终成为信息网络的道路，这包括有组织地将 Twitter 里数以万计的信息有声有色地利用起来，寻找在信息网络层面使之强化的方法。

为什么举世瞩目的企业领导者们为获得平台竞争优势甘愿倾全公司之力而为之？原因就在于掌握平台就意味着拥有运转整个商业生态系统的力量。

苹果运用平台取得的成果

运用平台恰当的企业即便运用极少的研发经费，也能开发并向市场投放多种商品。如果了解平台的运作模式，就可以一边免费向一个以上的用户群提供产品，一边从其他用户群中获得收益。

制造 iPhone 的苹果就是典型的案例。iSuppli 公司公布的资料显示，2010 年苹果的研发经费占销售额的比值只有 2.3%，相比其他竞争公司微软（14.6%）、谷歌（12%）和 IBM（6.1%）明显最低。对一家制造并让 iPhone、iPad 这样的产品风行于世的企业来说，这笔研发费用确实够低了。

对以销售硬件为主的苹果来说，iTunes 的音乐销售和 App Store 的应用程序并不是赚取利润的实体，它们以增加硬件销售量为目的，因而具有很强的捆绑性质。在竞争公司看来，为出售品质优良的硬件产品而提供 iTunes 这类强力捆绑服务，苹果必定会因此不堪重负。然而，这一举措的结果却令人大跌眼镜——高额的收益率让苹果的现金持续快速地积累起来。

根据高盛集团公布的资料，苹果公司在收益方面已经超越了其他竞争对手。2009 年，苹果获得的收益超过了 RIM、摩托罗拉、诺基亚、HTC、索尼爱立信等手机制造商收益的总和。虽然苹果在 iPhone 之外还同时生产 iPod、iPad、Mac 电脑等诸多电子产品，难以做单一的比较，但是在 Mac 电脑销售比例大幅降低的今天，装载苹果 iOS 操作系统的电子产品对收益确实起到了实质性的牵引效用。在高科技企业的现金持有量中，苹果几乎成为唯一可与微软一较高下的公司，它所拥有的现金和证券总额从 1996 年 12 月史蒂夫·乔布斯回归苹果时的 18 亿美元上升到 2009 年 12 月的 340 亿美元，14 年间增加了差不多 20 倍。

在这一过程的相关资料中，人们还发现一个有趣的事情。苹果从 2001 年中开始销售 iPod，2002 年年底推出销售音乐的服务 iTunes，但持有现金真正实现增长是两年后的 2004 年上半年。其间苹果并没有特别的新产品上市，由此，我们可以推断从 iPod 与 iTunes 的互相捆绑至产生实质性提升作用花了近两年时间。在平台的基础上捆绑服务这种营销形式也需要持之以恒的耐心才能最终实现效果。

当了解到苹果的优势在于平台竞争力后，许多企业都采取了相应措施。然而，将平台的本质内化于组织之中并不是一朝一夕的事情。苹果已经完成了构筑消费者网络和开发者网络的工作，要想超越它实属不易。草率行事、盲目追逐苹果这一平台领军者的足迹会有被网络效应吞噬的风险。苹果早在多年前就将 Mac 电脑定位为家庭数字中心，并开始着手准备 iTunes 和 iPod 系列产品，当今企业需要的正是苹果这种基于平台的宏观战略和哲学。

什么是平台

咖啡豆工厂与自动售卖机的故事

在咖啡农场附近有家专门加工咖啡豆的工厂，工厂常年提供免费的咖啡加工。任何人都可使用加工器具将咖啡豆制成咖啡原液，灌入独立包装，然后装上货车运走。

工厂主甚至会为加工商推荐咖啡原液销售点，前来加工咖啡豆的加工商们总是兴高采烈地离去，而工厂主也总是心满意足地看着人们尽兴而归。提供免费的咖啡豆加工，咖啡原液一经售出，收益似乎与咖啡豆加工厂无关，咖啡豆加工厂的厂主难道是慈善家吗？不，恰恰相反，可以说他是位非常精明的商人。那么，这位工厂主为什么会满足于这种为他人作嫁衣的不赚钱生意呢（见图1-2）？

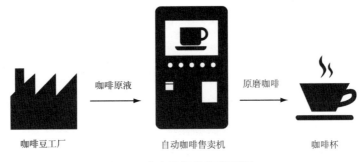

图1-2　商人从何处获得利润？

让我们来看看另一个情景：一家公司的休息室里摆放着一台自动咖啡售卖机。这台售卖机里随时供应着价廉物美的原磨咖啡，品种也层出不穷，因而生意非常火。这台售卖机的运营商正是前文提到的那位咖啡豆工厂主。

售卖机中装满了从咖啡豆加工厂加工而来的咖啡原液，只要人们投入硬币、按下按钮，美味的咖啡即刻被加热售出。从咖啡豆加工厂运来的咖啡原液直到现在才通过这台自动售卖机售出。不过，有一点很特别，那就是想从该售卖机中购买咖啡必须有专用的咖啡杯。这种特制的咖啡杯含有一种特殊芯片，只有使用这种杯子才能从售卖机里买到咖啡。人们出于对售卖机中价廉物美的原磨咖啡的喜爱，即便要另外花钱买杯子也照做不误。当然，这种咖啡杯也是那位经营咖啡豆工厂和自动售卖机的商人独家销售的。

再来回顾一下原来的问题：这位商人是怎样获得利润的呢？咖啡豆工厂不收加工费，自然不能盈利；自动售卖机便宜出售新鲜的咖啡，大部分的销售收益也进了咖啡原液供应商的荷包，似乎也不适合作为该商人创造利润的途径；那么咖啡杯呢？是的，这位商人就是靠出售咖啡杯赢利。人们为了从自动售卖机里买到便宜又美味的原磨咖啡，即使花多一点钱，也愿意购买售卖机专用杯。假若没有售卖机的存在，即使这种杯子漂亮精美，人们是否愿意花同样的价钱去购买它，还是个未知数。

这种由"咖啡豆工厂——咖啡售卖机——咖啡杯"连接起来的商业案例在现实中是否存在呢？答案是肯定的。在不久前刮起的将硬件与软件战略性结合的热潮中，我们不难发现许多类似这种"自动售卖机 + 咖啡杯"的绝妙组合。在前文的例子中，咖啡豆工厂和自动售卖机是相互捆绑的低廉而优质的服务，咖啡杯则是实际创造利润的产品。它们以彼此串联的方式提供给消费者，对买方来说具有价值，对卖方来说则能创造利益。这种服务与产品相结合的体系可以被称作"平台"。更进一步地讲，连接咖啡原液生产商和从自动售卖机中购买咖啡的消费者这一体系本身也可以被称为"平台"。咖啡豆工厂主提供免费加工服务是为了保证自动售卖机中新鲜咖啡原液的供应，其最终目的还是为了销售咖啡杯。有人可能会产生一种误解，认为经营咖啡豆工厂和自动售卖机的商人只不过是一个咖啡杯销售商。实际上，这位商人和普通咖啡杯销售商有着本质的区别，那就是他运营着一个以销售咖啡杯为目的的平台。

我们来比较一下普通销售商和平台销售商在咖啡杯的运营上究竟有什么不同。在出售杯子时,普通商人以杯子本身的价值为中心进行经营。如果杯子的功能单一,那么杯子的设计、价格、品牌形象等都会对销售产生影响。为了销售杯子,普通销售商既要关注市场动向,又要抓产品质量,还要加强后期宣传,可谓是煞费苦心。而平台运营商虽然起初要建立咖啡豆工厂,并在各大办公场所的休息室配备咖啡售卖机,但随着顾客和原磨咖啡供应商的增加,美味的咖啡原液被大量地通过自动售卖机出售。由于只有使用平台运营商销售的咖啡杯才能购买到售卖机中的原磨咖啡,购买该咖啡杯的顾客也日益增多。平台运营商几乎不用在杯子上花费任何心思就可以轻松获利。

那么,让普通销售商追随这位轻松盈利的平台商的步伐,也开展平台经营,是否可行呢?即便销售商有建立咖啡豆工厂、配置咖啡售卖机的主观意愿,也还有一个客观的重要因素决定着他的成功与否——能否赢得咖啡原液加工商以及为原磨咖啡购买专用杯的顾客的芳心。咖啡原液加工商和购买咖啡的顾客一开始会很少,只有购买咖啡的顾客多了,咖啡原液加工商才会增加;同样,对于顾客来说,只有售卖机中的咖啡便宜又美味,才会产生购买欲望。于是,就出现了在经营初期无法同时满足的需求结构问题,有专家把它比作"先有鸡还是先有蛋"的问题。

那么,起步较晚的商家应该怎么做呢?丰富的咖啡原液供给和广泛的客户推广这两者之中,至少要有一个先进行战略性推进,余下的一个才会随之运转,产生良性循环。比如,商家可采用直接供应咖啡原液、让顾客免费品尝、发放咖啡杯优惠券等措施短期内扩大顾客群。在现实中,这些方法也被大量运用在平台运营的初期。

近年来,不时成为新闻焦点的苹果、谷歌、微软等跨国平台商为了各自的事业,正在将"自动售卖机+咖啡杯"这种方式纳入其经营中。他们之间的差异无非是各自产出的"咖啡杯"不同,苹果的iPod、iPhone、iPad系列硬件产品和微软的Windows操作系统、Office办公软件分别充当了为他们赚钱的"咖啡杯";谷歌的情况较为特别,"杯子"或"售卖机"上的广告才是他们的经营目的,也是企业收益的主要来源。他们以适合自己的方式经营着"咖啡豆工厂""咖啡售卖机"及其他相关设施。

有人将这种经营方式与商业模式、商业生态系统相提并论。实际上,这些生产与消费相结合的案例只代表了平台的一部分,无法涵盖平台的全部内容。举例来说,信用卡也可以是平台,像保时捷那样多个车种共享同一个模型的生产模式也运用了平台策略。简言之,生产与流通的结合并不一定是平台或平台商务的前提。

奈斯派索是平台吗

想在家中喝到原磨咖啡,可以购买烘焙好的咖啡豆,粉碎后冲入热水即可。这固然别有一番风味,但每天重复这套程序多少有点麻烦。雀巢咖啡于1988年开始销售的奈斯派索咖啡机就简化了烦琐的过程,让冲泡操作简单化,因而成为划时代的产品。消费者购买奈斯派索咖啡机后,还需额外购买一份含有咖啡原液的胶囊。不同胶囊含有不同风味的咖啡原液,想要什么味道,只需把相应的胶囊放入奈斯派索咖啡机中,摁下开关,不一会儿美味的咖啡就煮好了。

奈斯派索公司的主要收益来源并不是咖啡机,而是含有咖啡原液的胶囊。一粒胶囊的售价大约是800~1000韩元[1],远远超出成本。这与打印机制造商以低廉的价格出售打印机,同时从墨盒的销售中赚取利润相类似。据说,从2000年起奈斯派索的咖啡胶囊共售出200亿粒。奇怪的是,在打印机公司竞相抢占打印机市场之际,原磨咖啡机市场却只有奈斯派索一

---

[1] 约合人民币4.3~5.4元。本书使用人民币对韩元汇率为1:182.1584,下同。

枝独秀。奈斯派索之所以垄断了整个原磨咖啡机市场，是因为它拥有70多项"专利"全面保护咖啡机的每个销售环节。不过，现在已经有便宜的咖啡机和咖啡胶囊仿制品面世，可以想象这些"专利"到期后，竞争公司将会大规模涌入市场。

那么让我们来想一想：奈斯派索算不算是平台呢？

在前文的咖啡豆工厂与咖啡售卖机的故事中，人们购买咖啡杯的原因是，只有使用专用的咖啡杯，才能从自动售卖机中买到物美价廉的原磨咖啡。必须注意，在这里提供给消费者的高品质服务与实际产生利润的产品紧密地结合起来了。而就奈斯派索来说，咖啡机与作为主要收益来源的咖啡胶囊之间的结合却不如我们想象的紧密。竞争公司可以在类似的胶囊中直接灌入咖啡原液进行销售，只不过是这期间种种的"特许"导致他们无法进入市场而已。奈斯派索咖啡机曾一度创下年销量10万台的业绩，即便忽略掉它已上市长达20年这一事实，也可估算出目前至少还有100万台被人们摆在家中使用。虽然奈斯派索咖啡机的市场占有量是后起竞争公司在短期内难以企及的，但这却丝毫不妨碍咖啡胶囊的生产和销售。竞争公司大可使自家的咖啡胶囊兼容奈斯派索的原磨咖啡机，并低价销售。尽管经营了整整20年，今天的奈斯派索在后起之秀面前却表现得如此不堪一击，不禁让人感到称它为平台多少有些牵强。在不久的将来，奈斯派索咖啡机和咖啡胶囊的市场占有率与雀巢公司收益之间的因果关系将会进一步削弱。

有一个办法可以使奈斯派索更像一个平台。首先，在咖啡胶囊上设计一个只能被奈斯派索咖啡机中识别的物理装置；然后，将咖啡胶囊的使用许可卖给外部竞争公司。顷刻之间，以咖啡胶囊为收益来源的经营模式就建立起来了，在购买了奈斯派索咖啡机的消费者和灌装出售咖啡原液的供应商之间，奈斯派索成为了积极意义上的中介者。

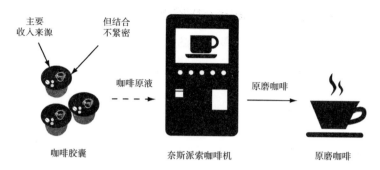

图1-3 奈斯派索能够守住主要收益来源吗？

而现实状况中，雀巢公司又是如何应对这种困境的呢？雀巢选择了强化奈斯派索客户服务的策略，致力于提高品牌忠诚度，千方百计地阻止既有客户投入别家公司的怀抱。服务与产品、产品与产品之间不以平台加以连接，单靠强化客户服务的手段又能取得多大意义上的成果呢？

平台的定义

要给"平台"下定义并不容易。我们翻遍字典仍是一头雾水，因为字典里出现的是"车辆搭乘场所或炮台、主席台、讲台等中部稍伸出之处"等诸如此类的解释，这和我们现在所讨论的"平台"实在无甚干系。

我们这里所说的平台，简言之，是指能提供核心价值，并使内部与外部、外部与外部之间的互联成为可能的某种事物。平台以连接消费与供给的形式创造价值，并不断进行自我完善。近年来，在这种连接过程中第三方的作用变得尤其重要。

IT领域的平台

通信公司一般采用以"C—P—N—T"为轴心的运营模式。C—P—N—T是"Content—Platform—Network—Terminal"的缩略语。对通信公司而言，为实现数据服务，在作为必需资源的内容（content）及作为消费对象的移动电话或终端（terminal）中间实现沟通和调控的运营媒介就是平台。这一术语在数据服务技术领域被广泛使用。

在软件应用和智能手机领域，平台就是"运营体系或服务"。苹果和谷歌为智能手机提供操作系统这一软件运行的核心，并在 Web 上建立作为操作系统使用的服务平台，对外开放。提供全球地图信息的谷歌地图就是典型代表。

对企业来说，平台的含义相当于"共享"。商家为了向拥有不同尺寸屏幕、不同内部配置和版本的手机消费者提供相同的体验而建立共享平台，根据群体不同进行相应调整，这种方式十分有效。苹果就把 iPhone 的操作系统（OS）改名为"iOS"，使其与 iPad 兼容。将来，电视、电脑等设备将可以共用一个 iOS 操作系统。

平台还指通过连接普通用户、应用软件开发者、操作系统制作者和外围设备制造商等创造中间价值的拥有双边市场的企业。

近年来，这种企业愈发重要，它构建不同的客户群网络，一旦经营步上轨道，就可通过网络效应（network effect）和滚雪球效应（snowball effect）实现业绩的增长。那些在全球范围内开展平台业务的企业已经充分享受了这些效应带来的好处。可以说，"生态系统"（ecosystem）这一生物学术语现在已经拥有了"双边市场平台企业主导的商业环境"这一层含义。

适用于全社会的平台

新闻中常可见到"某产品适用于共享平台"这类报道，可见"平台"这一概念的使用早已遍及社会各大行业和领域。汽车的配件繁多，不同车种在基础配置之上的可调整项也层出不穷。为这种基础配置设计一个无关车种的共享部分，既可节省设计费用，又可显著降低将来的维护费用，在成本方面占有显著优势。于是，汽车行业的平台就成为获得市场竞争力的必备元素，韩国的现代汽车和起亚汽车等已将平台付诸实践了。就这种"共享平台"来说，车辆设计和车体、主要配件的制造同样重要，每家公司都拥有为凸显本公司车辆设计风格而存在的"设计平台"。

通常仅凭外观就可大致猜出新上市汽车的生产厂家，这正是因为厂家将独特的设计特征融入了车门、车头外观、车尾线条等各个部位。起亚汽车自从2006年聘用大众汽车首席设计师的彼得·希瑞尔后，致力于构建独有的设计元素，其上市的车种外观细节稍有差异，但整体感觉却十分相似。这种设计平台一旦确立，就需要统一产品的品牌信息。

大企业各子公司的logo虽然各有不同，但都包含了象征该集团的颜色和特定图样。各子公司的经营领域各有不同，所以对整个集团来说，构建并共享品牌形象是有利的。在移动电话领域，三星电子的Omnia和Galaxy系列产品就符合这种情况；起亚汽车在SM或K开头的系列车种上，仅仅变换字母后面的数字这一做法，也是在几个产品中植入共同品牌形象的尝试。因此，广义上的平台，除了包含产品、服务，还包括"品牌平台"这一含义。

市场需要平台

平台愈发重要的原因

从近来频现于IT领域的平台，到适用于整个社会领域的平台，都必须引起我们的关注。平台的重要性不仅体现在过去，未来也将会越来越重要。

提升企业效率的杠杆效应

平台有许多含义，但无论在何种情况下，它是作为杠杆使用的。在制造商品时，如果一味追随客户的需求，企业的内部资源就会倾斜到商品开发和生产技术上。但若建立起以共享部分为中心的坚实平台，只需在此平台上略加变化，就能生产出符合需求的不同商品。这就是把平台当做杠杆，以低成本、高成效生产出满足客户不同需求的商品。对非商品的平台运营商来说，平台也就能够成为该企业的杠杆。在向周边领域拓展业务的过程中，如果能确保平台基础上各个客户群之间的积极网络效应，就容易对客户群实施捆绑销售，对提高企业效率也非常有效。

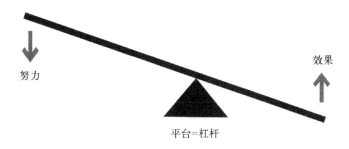

图1-4　只要有平台这个杠杆……

假设存在另一项业务，其客户群与原有平台系统中的客户群相重叠。如果市场有足够的吸引力，那么在进入该市场时，企业就可将现有商品以免费或低价的方式与原有商品进行捆绑，以冲击市场。这是从双边市场中获得网络补助的客户与获得收益的客户不同这一特性出发的。设置这样一个稳固而合适的平台，依据杠杆原理，就能起到举重若轻的效果。此处需要考虑的是投资的必要性。只有杠杆带来的效果大于制作杠杆的费用，收支才是合理的。所以相对于短期业务而言，平台更加适用于中长期业务且需要大量设备的领域。

构筑强大的经营模式

平台还可构筑强大而有韧性的经营模式。产品与服务的紧密结合可以提高商品的市场竞争力。就像前文中咖啡豆工厂与自动售卖机的案例一样，将产品与服务优化捆绑的形式竞争效果非常明显，竞争对手的主要收益来源可能因此被蚕食，竞争力逐渐削弱。前文例子中，普通咖啡售卖机经营商就必须和味美价廉的原磨咖啡售卖机的经营商竞争，而后者以销售咖啡杯为目的，只需收回自动售卖机的经营成本就可高枕无忧。

在诺基亚手机的销售方案中，曾有一项为购买手机顾客提供一年免费音乐的服务，该提案曾一时间成为人们关注的焦点。对单纯通过音乐服务赢利的企业来说，这无疑是一项极具破坏性的捆绑服务。近年来，韩国企业的方案虽各不相同，但主要趋势仍是在销售高价智能手机的同时捆绑MelOn等免费音乐服务。

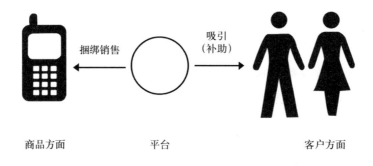

图1-5　为重要客户群提供补助，吸引其他客户

平台之所以能铸就强大的经营模式，与双边市场的补助有关。双边市场存在于经营两个以上客户群的商业案例中，这两个以上的客户群之间必须有催生协同的积极网络效应。通过相亲服务的例子就能很好地理解这一点。在相亲服务中，男女会员中任意一方的平均水准和注册会员数都会明显地刺激另一方的注册情况。也就是说，企业通过平台为市场上重要的客户群提供补助，这一策略会吸引其他客户。

在咖啡豆工厂和自动咖啡售卖机的案例中，咖啡原液加工商与从售卖机中购买咖啡的顾客属于不同的客户群体。在他们当中，平台商选择了对咖啡原液加工商提供无形的补助，既不收工厂使用费，通过自动售卖机销售咖啡原液获得的大部分利润也都原封不动地返还。因为只有确保了美味咖啡的供应量，另一个客户群才会使用自动售卖机，而在这个时候，人们才会来买平台商真正想卖的咖啡杯。

服务经济的核心动力

在服务基础型经济中，"服务"不再被看做是与制造相区分的产业环节，而成为人们按使用量支付（payperuse）的产品。电力、通信、自来水等公用事业公司采用的就是根据用量进行结算的模式。

如果说公用事业公司的基本功能是在使用者需要某种必需资源之时，以他们希望的方式提供所需的数量，那么现在的服务也逐渐变得公用事业化了。制造型企业因采取按量支付的方式转变为服务型企业的事例不胜枚举，如出租净水器、收取月维护费和过滤器更换费的公司，出租打印机、按照打印页数收取费用的公司，等等。在 Web 领域，企业也更倾向于租赁而不是购买服务器，连最近刮起的"云"技术热潮也朝着按服务器资源使用量付费的模式转变。

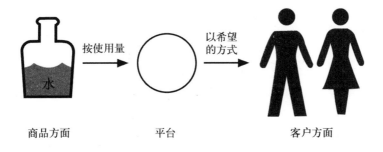

图1-6　在按量支付的服务经济中平台也很重要

一旦消费者有需求，就提供足量的商品，这对企业而言是一件困难的事，但与平台的基本属性却是相符的。将来，企业会越来越难以要求顾客大批量地购买商品。而且在市场中，那种针对遍布社会基层的中小企业实施的、以服务经济为依托的商品也会日渐增多。

技术越发达，平台运营越容易

如今的平台——如连接持卡人和卡片加盟店的信用卡系统、连接石油公司和汽车的加油站系统——在很大程度上都受地域的制约。这种限制主要是不同国家的社会形态、法律法规等无形的障碍，不过在互联网和信息通信的普及下，上述影响正在逐渐减弱。谷歌、Facebook等公司达到目标注册会员数的时间之所以大大缩短，就在于不单企业对平台商务的理解加深了，全球经济环境也逐渐适应和消化了这种模式。拜平台所赐，如今大量吸引客户到网络中来已经变得越来越容易。

在技术发展对平台的影响中，不可忽视的一条是客户群之间的相互反馈。只有两个以上的客户群体形成了积极网络效应，面向双边市场的平台才能得以成长，这一点在前文已经有过论述。不过，往来于不同客户群之间的反馈效应并不在同一时刻、以相同的规模发生，相反，它总是以一边带动另一边的形式交互出现。

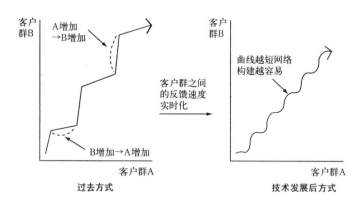

图1-7 技术越发达，顾客群间相互反馈越快

左图中客户群体数目呈"之"字形递增，这是客户群之间无法获得实时反馈所导致的现象。而在右图中，随着技术的发展，客户群之间的透明

度增大，信息交换变得轻而易举，实时反馈成为可能，企业扩大网络规模的可能性也大大增加。这种形态让网络运营商实现某个特定目标所花的时间明显减少了。所以，在技术和信息交换快速发展的今天，网络经济具有了更好的发展条件。

决定战略的重量级要素

平台让小小的咖啡杯销售商从单纯的商人变成了运筹帷幄的企业家，让企业成为游戏规则的制定者。平台的好处就在于游戏的场地会随着客户数量的增加而扩大。平台的客户群是那些了解游戏规则、享受游戏过程的人们，他们只要参与其中，多少都会得到收获。过不了多久，那些无视平台游戏规则的企业就会发觉自己已经身处竞技场之内——即便自己不遵守游戏规则，其客户也都已经涌入竞技场了。

网络经济的特征是，率先达到一定网络规模的企业和后起企业很容易两极分化。而平台企业在自己的核心服务基础上持续引进第三方创新作为补充，一旦经营步入正轨，企业的整体服务就会产生提升。这种提升持续进行，平台企业就会成为领军者，单靠某个企业的努力是不可能赶上其步伐的。所以，一旦在市场竞争中遭遇到平台战略的高手，普通企业就会被迫在不利的条件之下应战。另外，在将来的市场中，通过平台强化核心领导力并致力于领域扩张的商业战略会日趋普遍化。也就是说，懂得运用平台这一杠杆的人越多，不懂得运用平台的人就越容易在竞争中被淘汰。

克里斯·安德森在其著作《免费——商业的未来》中提到，免费的午餐是真实存在的，由于互联网的内容具有可复制性，其追加生产的费用接近于零，"免费"将成为必然的趋势。抛开这一理论的正确与否不谈，它所暗示的是：倘若有人能以免费的形式提供一种与我方所提供的服务相类似的服务，那么这种服务就会成为威胁我方经营体系的潜藏因子。

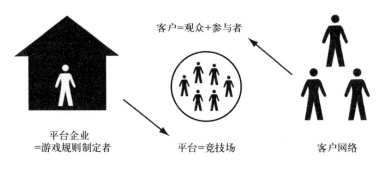

图1-8　成功的平台企业制定游戏规则

假设出现了一个比我方还擅长运用平台的企业家——即对方拥有与我方相同的客户群和商品,但却近乎免费地出售作为我方主要收益来源的营销。如果该企业利用从既有平台获得的其他收益进行攻击性扩张,就会导致与其免费商品竞争的我方收益状况急剧恶化。

索尼的故事:怎样运用平台

对未来的企业而言,在商务运作中反映平台特性,掌握媒体标准,通过不同于竞争对手的营销方案和客户保障措施在短时间内制造网络效应是至关重要的。需要在各方面进行战略探索的平台经营尤为如此。事实上,尽管过去也有从平台和双边市场视角来看成功的商业案例,但盲目使用平台导致失败的例子也比比皆是。问题不在于如何提供服务,而在于是否能根据市场特性适时使用平台战略。在这些商业案例中,我们以拥有视频标准平台的索尼为例进行分析。

索尼从 Betamax 技术竞争的失败中得到的教训

时间追溯到索尼尝试在市场中引进视频新型格式 Betamax 技术的时代。索尼的 VTR(Video Tape Recorder) 采用独创的 Betamax 技术,价格昂贵、画质出色,而竞争对手 JVC 提供的 VHS(Video Home System) 却以出众的兼容性和低廉的价格见长。索尼认为,使用 Betamax 技术的市场会以在家中录制和观赏电视节目的客户群为中心成长起来。当时，录像带租赁行业尚未流行，而电影公司这类知识产权所有者对录像带的态度也不甚友好。

根据《战略的悖论——企业求成得败的原因及应对之道》的作者迈克尔·雷纳的观点，索尼的这一判断在当时的战略前提或方向设定上并不存在问题。然而，录像带租赁市场却出乎意料地蓬勃发展起来，消费者想看的电影都被转换成了数不清的录像带。随之而来的就是，以价格和兼容性取胜的 VHS 在市场中占据了优势。尽管索尼试图维持初期市场的优势地位，但却难以应对 VHS 穷追猛打。购买 VTR 的消费者和供应电影录像带的电影公司不允许市场中同时存在两个标准的状况出现。

于是，一边是消费者难以购买一台以上的价格昂贵的 VTR，另一边是录像带租赁店偏爱支持多种电影格式的 VHS。VHS 占有的相对优越性越明显，电影公司和录像带租赁店就越多地向市场投放支持相应格式的录像带，索尼的 VTR 终于丧失了立锥之地。表面看，索尼在家用 VTR 事业中不幸地遭遇了当时始料未及的录像带租赁业大发展，但失败的更重要原因却是没有认识到另一客户群体——向租赁店提供电影录像带的电影公司掌握着索尼 VTR 事业的命脉。只有消费者和电影公司同时成为 VTR 的支持者，索尼才拥有在竞争中胜出的条件。VHS 在播放和录制方面以低廉的价格和垄断性较弱的技术同时吸引消费者和电影公司，因而居于有利地位。

对媒体企业来说，家庭电视录制功能让电影公司在消费者身上获益甚微。但电影公司透过录像带租赁市场发现了电影院和电视之外的另一个新市场。新上映的影片在电影院放映一段时间之后，电影公司再出售录像带，经过一段时间，再通过电视台播出。这种操作方式让电影公司涉足了每一个赚钱环节。倘若索尼能够从以单个客户群为对象的战略模式中抽身，认识到市场要求的 VTR 属性已演变为平台商务，并迅速转变的话，结果很可能会大不一样。

索尼在下一代 DVD 标准竞争中的获胜战略

开发了先进的技术，却迎来失败的结局，索尼的教训是惨痛的，然而这一痛苦经历并没白费。索尼在大容量光碟格式的竞争中再次与竞争公司交手，并取得了胜利。这一次，索尼 DVD 使用了蓝光技术（blue-ray），具有相对优秀的画质，而竞争对手东芝的 HD-DVD 技术则价格低廉、兼容性强。不同的是，这一次索尼清晰地意识到自己是在平台商务领域与对手进行角逐。所以，从生产兼有 DVD 播放功能的家用游戏机 PlayStation 3 上市起，索尼就使用蓝光技术作为基础配置。随着 PlayStation 3 的销售，HD-DVD 持续到 2006 年的领先态势在 2007 年被索尼 DVD 逆转，两者的市场占有率差距日益扩大。蓝光技术在防盗版方面也比 HD-DVD 技术更能俘获电影公司的芳心。2008 年 1 月，华纳兄弟宣布以后将只使用蓝光技术制作电影光碟，局势完全倒向了索尼一方。一个月后，东芝停产 HD-DVD 播放器，撤出了市场。

虽然在 VTR 的竞争中索尼由最初的优势地位一路败北，但在蓝光的竞争中索尼不仅转败为胜，还将竞争对手远远甩开。其成功的原因非常简单——它清晰地认识到了相应技术所属的经营领域属于平台商务，并且采取了恰当的运作方式。与当年的 VTR 情形不同，此时的索尼在游戏机市场中稳居霸主地位的同时，又兼有音乐光盘事业，所以在对两边的客户群体进行捆绑销售方面居有利地位。同时，在 PlayStation 3 上添加蓝光技术以刺激用户数目短期内快速增长以及受电影公司关注等也是索尼成功的主要原因。

其实对索尼来说，在录像带租赁业已成为家庭电影消费方式的大势下，企业运营必须具有平台的属性。如果索尼像当初带着 VTR 技术进入市场一样，虽然有新产品和新技术，却难以预知消费者将会以何种方式加以利用，情况又会如何呢？当初，索尼将家用录像带这一介质用于录制电视节目，这一战略实施也经过了细致的研究和分析，但录像带租赁业的发展难以预测。由于电影公司的利益关系等诸多原因，录像带租赁业得以成长起来，情况演变成索尼必须将市场参与方式转变为平台商务方式。对于当时对平台商务的开展缺乏信心而又经验不足的索尼来说，它初期的选择未必是错误的。只不过索尼应该早一点明白，录像带租赁业的发展并不是只代表了另一个市场。

对于新技术或新产品，即使我们无法判断未来市场状况或客户需求，也应密切关注网络连接方面的运作起始于哪一方。然后，在能力允许的范围内，以构筑网络经济为目标制定初期战略的方向。一般来说，一旦企业网络规模达到一定的临界点，竞争对手想要从原点追逐势必难如登天。

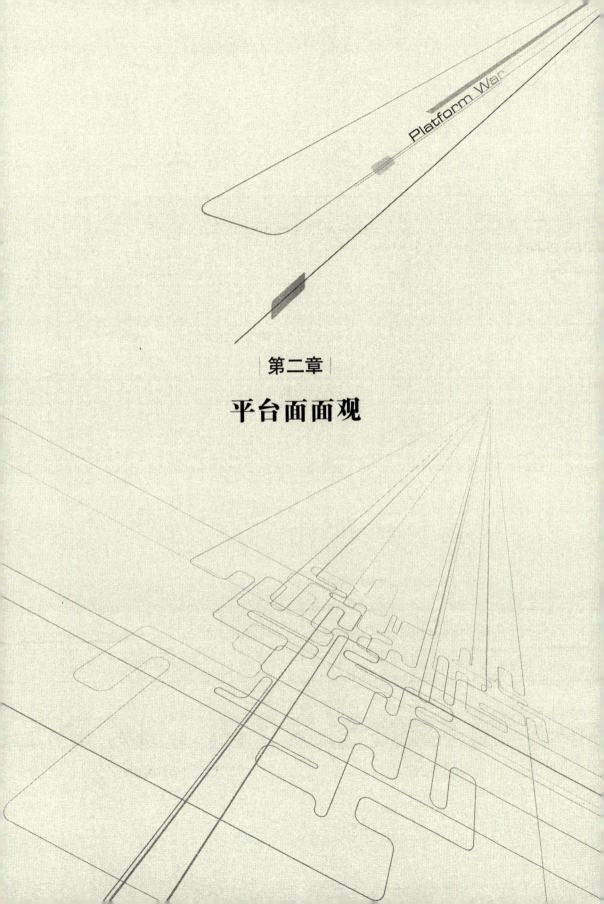

第二章

平台面面观

平台既适用于八音盒这类单一产品，也适用于咖啡豆工厂与自动贩卖机这种供给网络。与平台的一词多义一样，平台的特性也因切入角度的不同而被赋予多样化的阐释。我们将从垂直和水平两个角度来审视平台的特征，了解平台开放性和封闭性的论战。

通过分析谷歌、苹果、Sun、Adobe等企业的实际战略，我将带领大家探究隐藏在瞬息万变的IT环境和新闻炒作背后的企业意图。

另外，我们还有必要关注提高商业效率的共享平台及平台战略的核心——双边市场。了解平台的这些特性之后，我将探讨当今的网络世界与平台对接后会发生怎样的变化。

审视平台的视角

可以从多个角度划分平台的特性，最常见的就是从垂直和水平两个角度进行说明。

从垂直和水平两个角度审视平台

由多个平台相互连接构成一个体系就是垂直型平台。比方说，iPhone 的硬件设备、设备上搭载的操作系统等软件配置以及 App Store 和 iTunes 服务分属不同的平台，连接在一起就成为一个大平台。任何一个组成平台运作失常，其余平台都难以发挥正常功能。只有将硬件、软件、网络、服务和内容等多种平台相互连接起来提供最终价值，才能称作是垂直型平台。这个构造比较类似于积木，在一块积木上叠加另一块，最终建成一座房子。

垂直型平台一般由不同的公司构建各个组成平台，并使其能够彼此兼容。不过，尽管存在风险，也有企业为了提高战略一致性，选择亲自提供整个主要平台。也因此，人们把苹果称为垂直结合型企业。"垂直"这一说法在 IT 界以外的其他商业领域也常常用到。电影经销商同时拥有电影院、电影企划公司和文化基金公司，由于它能够独立运作一连串的价值链，所以也被称为垂直结合型公司。

从水平视角上看，平台就不再是这种相互区别的企业垂直结合的结构，而是根据所属业务的特性或提供内容的性质被同等划分的多个类别。根据业务特性，汽车业、金融业、通信业、医疗业等各个领域都遍布着平台商务的内容。以汽车行业为例，硬件平台就是汽车车体或发动机系统，而软件平台则是驱动硬件的驾驶方向调整设备或导航设施等。以内容划分也存在多种形态。如，服务平台可划分为 YouTube 类媒体平台、Foursquare 类用户位置平台、Twitter 或 Facebook 类社交平台等多种形态。

开放性与封闭性——平台永恒的论争

近来，在对平台的审视上，业界围绕着"开放性"与"封闭性"的话题展开激烈的争论。虽然 Flash 技术能够优化网上多媒体内容的呈现，但苹果公开表示 iPhone 将不支持 Flash 技术，为此，Flash 技术开发者 Adobe 批评苹果的策略带有封闭性。不过无条件开放也未必是好事，实际上，大多数公司都会根据自己经营的业务采取选择性开放的策略。

谷歌开发安卓系统之后，虽然对外公布源代码，允许修改，但并未公开核心部分。已被甲骨文收购了的 Java 语言开发者 Sun 公司虽免费开放了开发者社区，但其他企业仍需向它支付 Java 语言运行环境许可的使用费。而被批评为封闭的苹果为 iPhone 开发者免费开放了软件的开发环境，并提供能让 iPhone 使用者之间免费互发数据信息或视频通话的服务平台。由此可见，谁开放、谁封闭的争论本身可能就是一纸无解的空谈。其实，对平台企业来说，制定何种程度、何种形式的开放战略是最需要慎重考虑的部分。

从提供和接受两个角度看平台的开放性

进一步剖析平台开放性的特征，可知它大体分为向外提供内部资源和向内引进外部资源两种类型。这里，我们把前者叫做平台的提供开放性，把后者叫做平台的接受开放性。

从平台的提供开放性视角来看，平台有以下几种形式：

第一种是只供自己使用。构建车体制造平台的汽车公司没有理由与其他竞争公司共享平台。事实上，大部分平台都因为同样的原因而只在内部使用。这样做的不是从平台运营的角度考虑，而是从成本、效率和市场的好处出发的。

第二种是向外部有偿提供使用权。如，Palm 移动智能终端机的制造公司最初也一并生产终端机和操作系统，后来慢慢开始向其他企业发放 Palm 操作系统的使用授权。美国运通信用卡也是众所周知的使用品牌授权的例子。

第三种是免费开放设计文稿、支持技术或程序资源。免费的开源操作系统 Linux 就是由芬兰开发者林纳斯·托瓦兹最初开发，现在已经发展成为全世界开发者共同开发的开放项目。由于有运营社区和自发参与的成员，Linux 不断发展，国外大企业也争相公开引进开源社区，其中 IBM 是开源社区的代表性赞助者。看似居于对立地位的 IBM 之所以赞助社区，是因为 IBM 售出的服务器种类繁多，同时制作和管理支持每个服务器的操作系统或程序相当困难，而将开源社区里的开发成果运用于自家公司可显著降低整体成本。IBM 相信自己赞助开源程序是一项明智的举措。

完全开放型的开源存在一种许可体系。Linux 采用的就是全部开发成果不属个人私有、与他人共享使用权的 GPL（General Property License）许可体系。适用于 GPL 许可的研发成果如果使用在另一种产品当中，那么后者将自动纳入 GPL 许可系统中。这也是微软等公司对适用于开源 GPL 许可的技术极度敏感和忌讳的原因。一旦 Office 产品使用了开源程序，就会被迫将程序源代码对外公开。

下面我们再来探讨一下平台的接受开放性。平台企业为了维持自身成功的经营状态，除了对外开放内部资源之外，还必须源源不断地引进与平台有关的外部创新来谋求进一步发展。微软除了自主研发操作系统之外还制作游戏和办公软件，但实际上大部分 Windows 程序都是经第三方开发者制作后再由微软售卖的。如今，文件压缩已经成了微软操作系统的基本功能，但该软件最初却是由 WinZip 等公司开发，盈利自然也归这些公司所有。随着压缩软件人气的攀升，微软最终将其纳入 Windows 系统中。当第一个浏览器 Mosaic 诞生后，网络浏览器也逐渐被捆绑在微软操作系统中投放于市场。像微软这类平台企业是搭乘了其他公司创新成果的免费班车，但对企业本身来说，这种行为却是在为自己的发展吸收市场的革新。

对拥有平台的企业来说，应该在何种程度上接受和支持第三方创新是一个重要的问题。不能无条件地接受外部事物，而是要正确判断该创新是否符合企业的战略。判断的标准既包括对客户群重叠部分的考量，又包括创新的程度和成果。

假设企业处在平台运营的初级阶段，可选择接受相关平台的帮助，避免与对手直接竞争。因为即便知名度较低、竞争力较弱，企业要接受相关平台的一部分创新成果也还是比较容易的。这里的"相关平台"，一方面本身是平台，另一方面又支持和接受着多个其他平台，因此又叫做"跨平台"。网络浏览器或者说 Web 就是这种平台的代表。各种操作系统都可以上网，各大企业都可以在网上开展业务，从这一点上来说，Web 就是一个平台；而 Web 又同时支持苹果的 Mac、微软的 Windows 和 Linux 等多个操作系统，因此它又是一个跨平台。Web 自诞生之日起就是一个独特的平台，它不存在特定的主人，本身就是创新的起点。

Adobe 的 Flash 也是一个例子，Adobe 的 Flash 技术支持几乎所有 Web 浏览器。跨平台的魅力就在于制作了一个 Flash 内容后，就可在几乎所有拥有网络连接的计算机的浏览器上运行。相反，像苹果这种从操作系统到终端机全部自主生产的公司就比较接近专注于单个领域的平台企业。

共享平台战略

共享平台可以实现对多个产品共同部分的模块化，运用这一模块使以低廉成本生产相关产品成为可能。

什么情况下需要共享平台

什么时候使用共享平台最有效呢？一旦想就同一系列生产多种产品投入市场，就有建设共享平台的必要性。例如，企业要生产电冰箱。客户群体分为单身上班族、大家庭、新婚夫妇等，而客户阶层则按照收入水平分为高、中、低三个层次。企业要根据客户群体和收入水平的不同生产不同的产品。

首先，客户群体不同，对电冰箱的尺寸要求会不一样。单身上班族只需小型单门式电冰箱就够了；新婚夫妇的冰箱可以在适当尺寸的双门式设计之上再附加一个红酒冷藏柜功能；如果是大家庭，就需要一个有泡菜冷藏柜功能的大冰箱了。其次，电冰箱的外观设计也要各异。单身上班族使用的强调创意性，新婚夫妇使用的凸显现代感，而大家庭的冰箱就要根据功能来设计外观。相应地，如果按收入水平划分，那么针对收入较高的客户阶层，可以采用高级材质的柜门、油漆和噪音小的高价电机，价位偏高的环保制冷剂也可以考虑。细数下来，即使小小一台电冰箱也要根据客户群体和收入水平的不同进行多样化设计，如果要单独生产的话，成本、制造时间、售后服务等诸多方面都会发生问题，最终降低企业利润。

倘若电冰箱公司设立共享平台的话……

电冰箱制造公司应该怎样建设共享平台呢？首要的工作是确定制造电冰箱所必需的柜门、电机、散热板、内部收纳装置、电力装置等主要元素。

然后，进一步制定战略，确定如何让平台适用于各个客户群体和阶层。例如，客户群不同，电冰箱的容量和收纳方式也不同，企业就可将电机、散热板和收纳装置分别平台化。以客户群体为基础的平台化一旦完成，就可按照收入的高低采取更换防噪音装置和柜门等方式来生产不同的冰箱，实现以较低成本制造多样化产品的目的。在建设共享平台时，最关键的一点就是以客户群体和客户阶层为考量，找出衔接产品与平台的方式，并阶段性地逐步推进。

平台必须保持进化意识

我们假定现在已经有了针对单身上班族、新婚夫妇和大家庭三个客户群体的平台，并且也已经根据收入水平的高、中、低制造了三个模型。产品要随市场和消费者需求的变化而变化，同样，建设好的平台也必须向着更高水平进化，才能满足消费者变化的需求。例如，在电费上涨的情况下，能源的利用效率变得重要，比较有利的做法是把这一需求内化于平台之中，而不是放在个别模型中去调整。这样，原本需要经过几次更改的东西，经过平台一次就解决了。

平台到达某一阶段时，也可能面临向完全不同的新型平台转型的时代要求。当产品系列本身重新定义时、当对客户群体和阶层的分析结果发生变化时、当新技术或新的业务领域出现时等，平台都要进行相应的转型。所以在建立平台之初，对平台需要进化到何种程度、完成使命后是否要撤除也需要做初步设想，尤其是，平台影响多种模型和产品，如果不预先制定这样的战略，就有可能会妨碍产品战略的实施。在现实中，也经常会出现共享平台的生产部门与产品运营部门之间关系紧张的情况。就运营部门来说，马上将产品投放市场比长远意义上的成本效率更加重要。然而商场中真正的制胜之道，却是纵使放慢步调，也要先确保平台基础建设，而后再根据市场需求轻松制造出多种产品。

双边市场——网络膨胀的精髓

"双边市场"这一术语近年来才逐渐被人们所熟知，其契机是大卫·埃文斯和理查德·史马兰奇合著的《催化剂密码》一书。催化剂是有助于化学反应发生的物质，此处指连接两个以上不同客户群、发挥催化剂作用的商务运作。在我们周围不难找到连接不同客户群的公司。一个简单的实例就是为男女创造相亲机会的婚介公司，从它致力于匹配两个客户群这个层面看来，婚介公司是处于双边市场之中。

男性客户群和女性客户群对相亲代理者来说不是同一个客户群吗？要判断某个业务领域是否属于双边市场，我们必须确认两件事：第一，针对不同客户群的决策必须是可以独立运作的；第二，其中一个客户群参与度增加之后，必然对另一个客户群产生正向影响。

相亲服务与情侣优惠服务的区别

首先看相亲服务。一般而言，男女客户都是独立自主地参加相亲活动。假如把男性和女性划定为同一个客户群，照此来说，即便完全没有女性客户，相亲活动也能正常进行。可实际上，在没有女性会员的情况下，相亲是不可能只以男性会员为对象开展服务的。恐怕也不会有人会去注册会员，因为男性参加相亲活动源于他们对见到女性的期待感。因而，无可争辩，相亲服务是以男、女两个不同客户群体为对象的双边市场。

现在，我们再看看似乎和相亲服务相同的情侣优惠服务。市场中充斥着各式各样的情侣优惠，咖啡店会在特定的日子为光顾的情侣打折，通信公司也提供情侣优惠套餐等。那么情侣优惠服务是以双边市场为对象的吗？首先，情侣中的男女双方无法独自享受情侣优惠，单凭这一点我们就可以认定情侣中的男女共同形成一个客户群；其次，并非享受优惠的情侣多了，其他情侣就一定会前来消费，不同情侣之间的网络效应甚微。由此可知，情侣优惠服务是以单边市场、而非双边市场为对象的业务领域。

双边市场的特性与案例

双边市场在业务上存在难点，因为它的特性是企业必须同时吸引不同的客户群。在相亲服务中，只有通过身份验证的女性会员足够多，男性才愿意注册和参加活动。女性会员的心理也是一样。可想而知，在确保充足的男女会员数之前，企业的初期经营会比较困难。尽管如此，双边市场在商务运作中却十分重要，因为一旦一定数目的客户群得到了保障，且客户群之间产生了正面效应，那么依据网络效应，企业就能获得相当大的经济利益。

假设相亲公司在经过了千辛万苦的初期宣传后，终于达到了一定的男女会员数，同时优越的会员身份验证制度和可信赖的售后服务又为它赢得了一定口碑。这时，如果已经拥有足够多的具有理想女性形象的女性会员，那么只需好好宣传一番，就能吸引大批男性会员前来注册。由于有注册意愿的男性数量充足，相亲公司大可在会员身份验证环节提高门槛，鼓励更多拥有理想男性特质的男性会员加入。然后，相亲公司就此再进行宣传，自然就会有更多的女性前来咨询、注册。也就是说，通过身份验证的男女会员会相互带动，形成整体会员数增加的局面。这种以双边市场为对象开展的业务，虽然刚开始可能会像载货列车一样举步维艰，然而一旦得势，就会像磁悬浮列车一样展示出无穷的加速度。下面我们来看一些不同行业中双边市场的应用案例。

传媒业

报纸之所以能以低于发行成本的价格卖给订阅者，主要原因在于广告。

如果没有广告客户，订阅者就不会再看到便宜的报纸。而广告客户在报纸上登广告时也会在意订阅量，如果费尽心力登的广告最后没人看，那就白白浪费了宣传费。因此，根据双边市场必须拥有两个相互之间具有网络效应的客户群才能成立这一特性，报纸乃至以广告收益为主的电视、广播都可看做是以双边市场为对象的业务领域。

金融业

商场之所以接受信用卡，是因为消费者希望在购物结算时使用信用卡。而对消费者来说，如果没有几家商场接受信用卡，他们就不会去申领。那么，第一个制作信用卡的大来俱乐部（Diners Club）是如何让自己的信用卡业务站稳脚跟的呢？大来俱乐部在初期使用了全面的奖励策略。它只向特定地区的富裕阶层发放信用卡，也只有纽约著名的餐厅和酒店才有资格成为加盟店。这些有钱人不再需要受口袋里现金的约束，可以享受愉快的消费过程，这种新型消费理念一时间风靡纽约。后来，大来俱乐部把服务范围从纽约拓展到全美国，同时放宽了对加盟店和持卡人的要求。加盟店与信用卡持有人必须同时存在并达到一定规模，这一点也正是双边市场的要求。

能源业

能源业将提供能源的社会公共建设和使用能源、获取附加价值的消费者有机地连接起来，是典型的双边市场。以汽车加油站为例。只有开车的人多了，加油站才能进行损益核算，如果加油站的需求量不高，石油公司就不会再为加油站提供供给。就开车的消费者来说，如果加油站的汽油配给数量不足，他们也不会再光顾该加油站。电力行业也类似。

旅游业

航空公司直接售卖机票，但也会将一部分舱位预留给提供行程预订服务的旅行社，通过他们向旅客出售机票。航空公司关心的是旅行社拥有的旅客数目，以及他们及时卖出舱位的经营能力。拥有的旅客越多，旅行社能够获得的预留舱位也就越多。那么，从旅行社订购机票的旅客又关心什么呢？出于便利性考虑，他们希望通过一家旅行社就能买到自己所需所有航线的机票。能从中获得预留舱位的航空公司越多，旅行社吸引旅客的能力也就越强。由此可见，旅行社的机票预定业务也具有以航空公司和旅客这两个客户群为对象的双边市场特性。

Web 广告业

这里主要谈一谈信息技术行业。谷歌这类企业的业务内容是，在用户输入简单的关键词后，为他们提供相应的 Web 信息。谷歌的收益主要来源于广告，形式是在结果页面显示与关键词相关的广告。广告客户之所以付钱给谷歌，是因为广告带来的效益高于广告投放成本。那么，使用谷歌这类 Web 搜索引擎的用户呢？假如没有广告，企业就会想方设法地在服务中植入收益模式，或者要求用户支付使用费等。网络搜索在免费提供搜索结果以确保用户访问量的同时实现广告效应，因此也是以双边市场为对象的经营领域。

视频游戏行业

设想一下索尼的 PlayStation、任天堂的 Wii 和微软的 Xbox 这类家用游戏，其参与者分为硬件生产厂家、游戏制作公司和游戏玩家。

游戏的制作首要的就是足够的人力、时间等机会成本。鉴于大部分游戏都被设计成不兼容其他游戏平台的模式，机会成本又提高了一层。降低机会成本的唯一方法就是提高游戏的售出数量。为达到这一目的，运行游戏的游戏机必须普及。于是，对游戏制作公司来说，比较合理的做法就是选择市场普及程度最高的游戏机作为游戏运行平台。那么游戏玩家呢？如果好玩的游戏不多，不管游戏机的硬件多么优良、设计多么精美、价格多么低廉、性能多么出众，他们在购买时都会犹豫再三。只有好游戏多了，他们才会购买。

游戏机厂家如果想赢得商机,在上市之初应该采取什么样的措施呢?首先,尽可能地继续使用原有游戏机名称并维持与现有游戏机的兼容性。另外,为了降低游戏制作公司的机会成本,在制作公司策划游戏时,游戏机厂家可适当地给予开发和宣传方面的支持。对于消费者,除了提供游戏功能外,游戏机厂家还可提供观看DVD电影的多媒体功能、管理家庭相册的影像功能以及浏览网页等功能,以弥补游戏时效过短的不足。这样,在硬件生产厂家、游戏制作公司和游戏玩家三者兼备的情况下游戏机行业将获得蓬勃发展。

计算机行业

计算机行业也可算作代表性的双边市场。举例来说,微软在操作系统中植入蓝牙和无线网络支持技术之初,如果没有支持这些技术的设备或网卡,用户就不会对它们产生兴趣。所以,微软早在研发该技术时就提前向相关制造商发布技术信息、提供支持,确保在操作系统发布时制造商的产品也能同步上市。

此外,USB端口技术也一样。现在我们的鼠标、扫描仪、打印机和键盘等各式各样的设备都以USB方式与电脑相连,可是这些设备在初期的市场中却寥寥可数。于是,在研发技术的同时,微软公司也促进辅助新产品革新的鼠标、键盘等周边设备的生产。

总之,为了让技术开发者和设备制造商生产出对自己有意义的程序和产品,操作系统公司让他们完全相信"我的操作系统会在市场中充分普及"。于是,操作系统公司就在计算机行业中建立起了一个双边市场。而对用户来说,用户也希望购买操作系统后能方便地使用优秀的软件,并且能与现有周边设备兼容。苹果向来以亲自包揽计算机、周边设备及显示器的制造闻名。它亲自制作办公应用软件iWork,并动员开发者社区为用户制作优质的应用程序,从这个角度讲,苹果同样属于双边市场的应用案例。

双边市场往往不是答案

虽然以双边市场为对象经营平台的做法极具潜力，但把双边市场的理念应用到一切领域中并不是正确的做法。百货商店的会员卡业务与信用卡不同，因为前者只需针对百货商店的顾客开展即可，大可不必费心去招揽加盟店，搞好单边市场的经营就足够了。

苹果通过App Store将全世界的开发者和iPhone等设备的使用者连接起来，但就在几年前，iTunes还是以苹果直接与主要唱片公司和电影公司签约的方式提供音乐和电影，接近于零售商模式。尽管这种模式体现为单边市场，可是早在唱片公司等进入App Store前的两年左右时间里，苹果就已在市场中卖出数量不少的iPod了。我们可以把这种状况看成单边市场与双边市场的中间形态。

只有两个以上客户群之间产生的网络效应为正向时，双边市场的运营才能得到强化。如果网络效应呈负向发生，就可以肯定平台运营面临危机。此外，同一客户群体内部所发生的效应也不容忽视，双边市场中常常会出现同一客户群体内的各方演变成彼此竞争的关系。

例如，经销商在贸易场所销售物品，经销商增多，买家数量也会增多，这固然会带来积极效果，但同一群体的经销商过多，局面就会不甚理想。前面提到的相亲服务也是一样。如果同一群体的同性会员太多，那么遇到自己心仪对象的概率也会相应地降低。不过，致力于同一用户群体沟通和协作的Web 2.0概念模型则相反，它的参与型服务属于同一用户群内部互相产生积极网络效应的情况。比如"百度知道"的结构就是一个人人都可提问和作答的同一客户群，大量使用相应服务的用户越多，对全体也就越有利。

从经济学角度看平台商务

平台商务以双边市场为对象开展，始终与不同客户群之间需求变化相互影响这一网络效应挂钩。如果不理解相应市场的一般特性、认识不到经济学原理对平台商务的影响，必定损失惨重。下面我们来看一组需求曲线，它反映以一个客户群为对象的单边市场中价格和销量变化的一般情况。

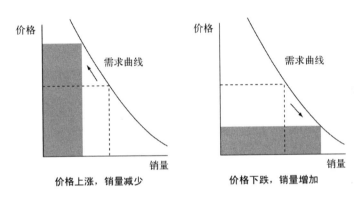

图2-1　通过需求曲线可知销售额变化及最合理价格

图 2-1 中的需求曲线反映价格与销量变化的情况。中间的四边形区域是销售额，相当于价格与销量的乘积，显示以多高的价格卖出了多少数量。透过这一需求曲线，我们可以根据销售额的变化，找到最合理的价格。那么，当价格上下浮动时，图像又会如何变化呢？

假设某一片区的鸡肉价格上涨，人们选择吃五花肉等来代替鸡肉，鸡肉销量因而降低。一旦鸡肉价格下跌，原本喜欢吃鸡肉的人就会去买更多的鸡肉，而吃其他肉类的人也很可能在短期内更多地购买鸡肉，鸡肉销量增加。那么，卖鸡肉的人怎样才能判断价格上涨和下跌两者中哪一个更有利呢？答案就在消费者的"价格敏感度"中。

如果价格敏感度高的产品降价，销量就会以很大的幅度增加；反之，如果价格上涨，销量也会大幅减少。通常，由于米、油、衣物等与衣食住行密切相关的商品属于生活必需品,受价格变化的影响相对较小。非生活必需品对价格的变化表现出不同的敏感度。在此,假设五花肉的价格敏感度高于鸡肉。那么,同等幅度的降价导致的五花肉需求量增加幅度大于鸡肉。由图 2-2 可知,五花肉的需求曲线没有鸡肉的陡,这是因为相同的价格变化之下五花肉的销量比较高。对比代表总销售额的中间四边形区域,即可马上得知五花肉的销售额大于鸡肉。

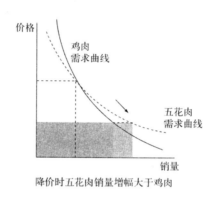

降价时五花肉销量增幅大于鸡肉

图2-2　随价格敏感度变化的需求曲线

相亲服务的两个需求曲线

以上我们讨论了一般经济学意义上的价格变化引起需求变化和销售额变化的情况。下面,我们来看一看这些经济学原理是如何作用于平台商务领域的。

与一般商务相比,平台商务的本质性特性就在于它是以两个客户群为对象,且各个客户群对彼此都有期待值。也就是说,客户群各自的需求并不是以互不相干的独立状态出现,而是会受到其他客户群参与活跃程度的影响。仍以男女相亲为例子。客户群不同,需求变化情况也不同,所以我们像图 2-3 这样为不同客户群体分别建立曲线模型。

假定男女会员需求曲线的倾斜程度互不相同,女性对相亲服务的价比男性敏感。由于当前采用同等的价格为男女会员提供同样的相亲服务，所以平台企业的销售总额就等于左图和右图中四边形区域面积的总和。抛开其他因素不谈，单看这两个需求曲线图形，我们至少可获知价格和销售额方面的信息。

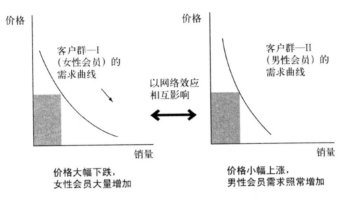

图2-3　双边市场需求变化曲线

可是如果考虑到平台商务的特征，情况就不同了。企业可以为不同客户群体制定不同的价格。制定相同的价格在一般情况下固然没有问题，但现实中实现销售总额最大化的方法却是针对不同的客户群体制定各自的最优价格。这是因为，双边市场中一个客户群需求的增加会引发另一个客户群需求同时增加。在相亲服务当中，如果女性会员大量地增加，大量男性会因遇见心仪对象的可能性增加而注册；反之亦然。那么，相亲公司就可以针对男女会员实施不同价格政策，降低某个会员群体费用。这里假设公司选择大量降低女性会员的服务使用费。

因为女性的价格敏感度高，降价政策往往会带动销量的增加。如图2-4所示，当服务使用费降低后，女性会员对服务的需求会大幅增加。那么，增加了的女性会员会对男性会员产生什么样的影响呢？男性在同等价格之下，会偏爱女性会员较多的相亲公司。对相亲公司来讲，在维持现有会员数量的前提下，提高一点服务费也是可以的。男性会员的需求曲线会像图

2-4中的右图一样向右上方移动。这么一来,尽管价格提高了,但需求反而增加,相亲公司因此迎来销售总额大幅增长的可喜局面。

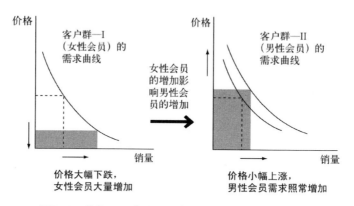

图2-4 优化不同客户群价格带来的销售总额最大化

相亲服务,对谁提供补助

对不同客户群的哪一方提供补助对企业更有利呢?换句话说,享受服务价格优惠的客户群处于哪一方呢?结论是:应该对价格敏感度更高的群体提供补助。在前文的例子中,价格敏感度较高的女性会员享受到了价格补助,原因就在于等量的补助金额对女性会员需求的刺激远远大于男性。在花费相同的情况下,选择效果强的一方对企业更有利。

获益于以上这种选择的不仅有接受补助的一方,还有接受了与补助金额等量的提价的一方(前面例子中的男性会员)。由于价格敏感度相对较低的客户群体一般不会因提价而减少需求,所以平台企业无需过分担心提价会导致销售额减少。当然这里还有一个可变因子,那就是两个客户群之间的牵引力出现另一种状况。如果男性会员增加对女性会员增加的影响程度和女性会员增加的影响程度不一致,那么企业在提供补助时就要慎重考虑,将对另一个客户群影响程度高的客户群当做提供补助的重点考量对象。

假如企业为了让自己的平台更具攻击性,不但几乎不收取女性会员的服务费,对男性会员也维持原价的话,情况又会如何呢?女性会员的使用率会激增,如果能够保证免费相亲服务的质量,理论上绝大多数未婚女性都会成为企业的客户。在保持男性会员费用不变的前提下,受女性会员群体数目增加的影响,男性会员的服务需求也自然会增加。但相亲服务可提供的价值是有限的,客户存在一个对服务标准的心理上限,所以男性会员的需求曲线不会按照平行的方式移动,而是会逐渐减小倾斜度,即最终会表现为价格敏感度上升的形态。因此,如果企业采取对一个客户群提供补助的同时,对另一个客户群维持相同价格水平的方式,会增加后者的需求,但这种需求只在一定程度内大幅增加,因而,对企业短期内的经营更加有利。

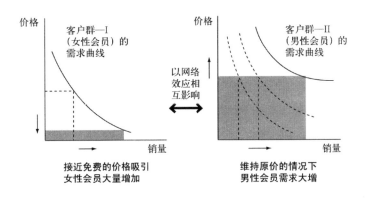

图2-5 攻击型平台运营

游戏机与电脑属于不同的经济圈

现在我们再看看其他平台领域选择进行客户补助群的例子。比较一下Xbox游戏机玩家和Windows操作系统用户就能发现一个有趣的差别。购买游戏机的都是年轻人,所以游戏机价格在20万~30万韩元①之间。而电脑就不只是来玩游戏,还要用来办公、上网、进行图像处理等,需求者年龄层多样,在价格上的跨度也比较大,受欢迎的机型甚至要卖到100万

---

① 约合人民币1097~1646元。

韩元[①]。

但游戏机上的游戏软件价格比较贵，动辄3万~4万韩元[②]。这对购买游戏的年轻人来说不是一笔小数目。电脑虽然也有许多高价软件，但免费或开源的软件居多，价格竞争也比较激烈，与电脑的价格相比，软件价格低廉，消费者对其品质的期待水平也不及游戏高。

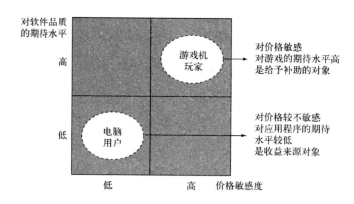

图2-6　补助价格敏感度和对软件的期待水平之间的关系

游戏机和电脑都拥有制作应用程序的第三方开发商。从平台商务的角度来看，这些软件开发商也是企业的另一个核心客户群。如果没有好的程序不断问世，市场对游戏机和电脑的需求就很难持续。于是，问题就变成在程序开发商和用户之间应该分别选择哪一个予以补助来组建客户网络。通过前文，我们大致可以看出游戏机和电脑之间存在的差异。依据补助客户的原则，对价格变化反应敏感的客户群应该首先获得补助，游戏机玩家和电脑程序开发商分别获得补助对企业的经营最有利。

现实中，微软就是将Windows操作系统的零售费用交给用户承担，而为程序开发商提供开发工具和相关支持。相反，微软Xbox游戏机的盈利

---

① 约合人民币5487元。
② 约合人民币164.7~219.6元。

模式则是以低于生产成本的售价卖给游戏玩家，再以分配销售收益和颁发许可的名义对游戏开发商收取费用。

微软曾一度反其道而行之，试图对开发商提供补助，让游戏机购买者承担高额费用，但以失败告终。失败的主要原因是游戏机的昂贵价格影响了销量，导致开发商对游戏开发的积极性也不高。游戏机价格比其他竞争产品贵，又没有好玩的游戏，自然无法畅销。

那么，苹果公司的 iPhone 接近游戏机还是电脑呢？iPhone 虽然生产成本昂贵，但得到移动通信商的补助后，得以 20 万～30 万韩元低价出售给消费者，同时苹果公司又控制了第三方开发商应用程序的销售渠道，从应用程序的销售中提取收益的 30%。

由上述事实可知，iPhone 业务更接近于游戏机平台，而不是电脑平台。也就是说，苹果将补助金全部提供给购买者一方，同时令开发者分享销售收益，以确保与销售渠道有关的运营费用。它和游戏机公司的唯一不同，就是提供补助的不是苹果公司，而是移动通信商。而移动通信商只要拥有一定的移动电话用户，就大可采用签订协议等方式来保障自己的收益，即使需要提供补助金，也可借此机会招揽顾客，有利无害。

平台导向支配型企业

根据平台的特性，企业的经营方式可以变化多样。以服务为目的的经济转型、以双边市场为对象的网络效应的强化以及互联网带来的客户群体间反馈速度的加快，都使得平台运营的可能性日渐提高。

在平台运营领域中存在一些王者。商界有句流行的话叫做"只记住最好的"，这种最好的企业占有大部分市场份额的"赢家通吃"游戏在平台相关领域频频发生。

赢家通吃的原因

漫画家李元馥在其作品《资本主义·共产主义》中曾讲述了这样一个故事。两个行人在路边偶然发现了一个藏满金银珠宝的地方。俩人中一人是慢性子，一人是急性子，急性子总是喜欢有备无患，随身带着一个空布袋。见到宝物后，急性子赶紧把金银珠宝装了一口袋，拿到市场里换了牛车和铲子回来。慢性子自然也没闲着，他用手捧起尽可能多的金银珠宝，也来到了市场。但是先一步到达的急性子已经用一车的金银珠宝换来了一辆卡车。不服输的慢性子倾其所有，买了一辆他能买得起的最大的牛车，急急忙忙地赶回藏宝地，把宝物装满牛车，又前往市场去换卡车。此时，用卡车装载金银珠宝的急性子在市场上又在干什么呢？他为了让慢性子无法再靠近藏宝地，利用充足的资本请来了私人警卫。故事的结局就是，从此以后，所有的金银珠宝都归急性子所有了。

上面这个故事幽默地阐释了以资本积累资本是社会分配不均的缘由。与个人财富的积累一样，企业的经营也不乏这种竞争者之间差距悬殊的情况。谷歌的搜索占有率占美国网络搜索总量的近66%，计算机操作系统Windows的市场占有率也一度超过了90%。韩国移动通信商SK Telecom的市场占有率就是排名其后的两个公司的总和，运营搜索门户的Naver也一度占据了韩国网络搜索总量的近75%。排名第一的企业占有市场一半以上份额的自然型寡头垄断形态在很多领域都存在。这种寡头垄断频频发生的情况在经济学上常被解释为"规模经济"。

企业率先开始某项业务，发展到一定规模后，企业的固定成本就逐渐降低，随之，产品或服务的生产成本也显著下降。成本一旦降低，制定价格的灵活性就增加了，这使得企业掌握了市场价格的决定权，在后起竞争对手出现时可以采取临时降价政策使其无法涉足市场。而且，如果升级为市场中的领头企业，知名度会提高，还有助于形成品牌效应。消费者往往有"既然排名第一，肯定与众不同"的期待，偏爱排名第一的企业所提供的产品和服务。消费者普遍有从众心理，一旦他们开始使用相应的产品和服务，就很难再更换商家。企业把这种现象叫做"锁定"（lock-in），一旦消费者进入自己的领域就封锁其出路、使之无法离开，它反映了在保障现有客户费用日益增加的竞争市场中，企业希望尽可能留住客户的意愿。

此外，通过长期的经营拥有某些可保障的核心资源，有助于企业将市场占有转变为寡头垄断。谷歌在世界各国都保持着很高的搜索占有率，唯独在韩国占有率低下。国外分析每每对这种状况表示不解，其实原因出乎意料地简单。谷歌的强项是搜索开放的外部信息，而韩国却与英语圈国家不同，其大量的网络信息存于 Naver、Daum 等门户网站之内，而这些网站只对注册用户开放。因此，尽管谷歌搜索引擎功能强大，却在搜索韩国用户上传的网络信息方面无用武之地。不过，随着不属于门户网站的独立博客和专业论坛逐渐增多，谷歌在韩国的市场占有率也有所上升。在韩国搜索占有率排名第一的 Naver 的核心资产是汇集在知识 iN、Café、博客等只对内部开放的网页上的社区信息；谷歌的核心资产则是早已遍布全球的开放的网络文档信息以及快速、准确得搜索引擎技术。这些累积下来的资产都成为后起竞争者难以逾越的障壁。

平台助推赢家通吃

平台企业也适用上述公式吗？在享受规模经济的好处时获得品牌宣传效应，在逐步积累核心资源时防止客户流失等环节，平台企业都与上述情况类似。但在某种程度上，平台运营更容易导向支配型企业，因为平台客户群之间存在积极的网络效应，业务规模的扩大速度相当快，形成规模经济的时间大大缩短。但如果企业在没做好充分准备的情况下迎来飞速成长，支持两个客户群的环节就可能出现问题。所以，建立一个既能调节成长速度、又能从中获得收益的企业结构是很重要的。平台运营容易导向支配型企业的另一个原因是，一旦客户选择某一个平台后，再想转换平台就要花费很高的成本。以 iPhone 为例，目前开发 iPhone 应用程序的公司必须遵循苹果公司提供的开发语言和开发方式，因而他们若想转换成适用于谷歌手机平台的应用时，就会因平台间的巨大差异而产生额外费用。这提高了开发者的转换成本（switching cost）。而使用 iPhone 的消费者又如何呢？用户购买的 iPhone 应用程序，换到安卓平台的智能手机上后，就无法使用。据统计，iPhone 用户平均花在购买应用上的支出约 80 美元，这还只是调查时的数据，若照此累积下去，数字必然持续上升。因此，购买了很多应用程序的 iPhone 用户的转换成本也很高。

那假如使用 iPhone 的同时再买个安卓手机怎么样呢？如果同时使用 iPhone 和安卓手机，就必须负担各自的购机费用、通信服务费用，且由于运行平台不同，应用程序也必须分别购买。这种同时使用不同平台所产生的费用叫做多归属成本（multi-homing cost）。如果同时使用两个以上平台的多归属成本很高，那么该领域就很可能形成由一个平台企业主宰市场的局面，因为消费者都会聚集到其中一个平台之下。再如果企业的客户群之间积极网络效应强烈，那么这个企业就容易成为支配型企业。

提姆·奥莱利在搜集和重定义 Web 企业时，曾总结过 Web 2.0 企业的特征，这些特征包括丰富的用户接口、起平台作用的 Web 和团体参与型的智能等。在当时市场中，曾出现大量参与型或免费型 Beta 测试服务。尽管 Web 2.0 思想被批判为缺乏收益模型，但它却在全球范围内大大推进了类似于百家争鸣的"服务型春秋战国时代"的来临。新近涌现的 Web 2.0 企业大多起家于小规模公司，毫不夸张地说，Facebook、Twitter、Flickr 等公司都是在这种文化土壤中诞生的。

这种 Web 2.0 方式使各式各样的服务分别建立起了一种用户参与内容共享的自动化技术平台。这种业务模型是将用户活动产生的数以万计的微小价值汇集在一起,所以企业方面的人为介入越少越好。在这个过程中,大部分服务都呈现为具有特定功能的专业门户形态,如,烹饪菜谱共享、图片共享、幻灯片共享、服装设计共享等,这些服务被分门别类地制作成了电脑上的各种应用程序。虽然这些服务受特定领域用户的欢迎,在相应领域处于领头地位,但其以特定的利基市场为对象,本身只具备相当于一个应用程序的市场影响力。因此我们断定,在计算机领域,只有像Windows这种操作系统所对应的平台才具有支配型平台的全部特征。

青出于蓝的摇篮——网络平方

最近出现了从支配型平台衍生出新型平台的现象,即"网络平方"(network squared)。

以通信业为例。通信行业中存在"移动虚拟网络运营商"(mobile virtual network operator, MVNO)这一术语。移动通信商直接投资建设通信网,然后向入网用户提供通信零售渠道服务,回收相应的投资成本。但对通信网的建设达到一定水平时,网络闲置率会出现并增加,对移动通信商而言,最好是采用适当的方式将之有效地利用起来。另外,政府方面也鼓励市场竞争,希望其他运营商能够较容易地进入通信市场,以此达到保护消费者权益的目的。当这两种利害关系相遇,移动虚拟网络运营商就诞生了。

迪士尼活跃于电影、卡通角色、主题公园等与通信行业毫无关系的领域,但它却以移动虚拟网络运营商的身份,晋升儿童手机市场。迪士尼并非单纯销售以卡通角色图样设计的手机,还直接对通过迪士尼入网的用户提供服务,并收取相关费用。它所使用的通信网设施是从美国当地的移动通信商那里租来的。这样做对移动通信商而言,可以有效提高闲置网络的利用率;对迪士尼来说,能开展以儿童、青少年为对象的新业务。移动通信商将通信网提供给迪士尼,再由迪士尼对最终消费者提供附加服务,这种方式就是一个以零售为目的的批发网,符合"网络平方"的定义。

那么，平台运营中的"网络平方"又是什么呢？一般来说，就是通过开放的平台对其他网络或平台企业提供支持。也就是，通过开放平台企业所拥有的核心资源，向其他企业有效转移相应客户群，使第三方的附加服务或创新成果比较容易实现。

有时甚至共享客户群

网络平方与单纯对外开放资源或服务的企业有什么区别呢？最关键的差异就在于必要时，平台企业甚至会将自己的客户群提供给外部公司，而外部公司在利用这种资源后可能形成另一个平台。从一个平台衍生另一个平台的方式已经变得越来越容易了。在以网络经济为基础的平台运营中，具有积极网络效应的客户群本身就是企业最大的资源，也是需要这种资源的外部企业在短期内最难以获得的。

Facebook最初只服务于哈佛大学的学生，后来慢慢发展成为全美主要大学乃至社会人士的人际交流网。仅在一两年前，用户还只能在Facebook的网站上活动，现在已经可以使用Facebook账号登录许多外部网站。对这类社交网站来说，是否拥有大量喜爱社区活动的会员至关重要，只有互相认识的会员多了才能交流，因此保证活动顺利开展的会员数下限也较其他类型为高。

假设某人制作了类似国际象棋和在线问答服务的游戏。初期的用户数量很成问题，要发展到像Facebook那样亲密度很高的客户群需要花费大笔时间和投资。此时，若Facebook让自己的客户注册成国际象棋游戏的会员，或者邀请Facebook好友互玩在线问答游戏，那就帮了制作者一个大忙。现实中，Facebook也是将自己的客户群开放给第三方开发者，随后又继续扩大范围，让会员可以直接使用Facebook账户登录第三方网站进行活动。

还有一个例子是近年来出现的应用程序内嵌广告。假如软件商想采用内嵌广告的方式而不是通过直接销售软件来获取收益，有两种实现办法。一种是软件商亲自招揽广告客户，这种办法在现实中困难重重，往往无法实现；另一种办法是使用谷歌的 AdSense 或苹果的 iAd 广告代理平台。这样一来，谷歌或苹果就会在现有广告客户中选择适合该软件的广告自动连接到软件中。在企业既需要招揽广告客户，又需要吸引软件用户时，谷歌和苹果的帮助无疑会生成一条通向市场的捷径。

建立网络平方需要些什么呢？如果我们将日常生活比作一个社会系统，那么在社会系统内，以不同目的运作的小系统就可称为服务系统。这些服务系统为外部其他企业或服务提供自己的功能性资源，外部企业或服务通过它们又实现另一种附加价值。这种服务系统是建立网络平方的必备要素，它包括社会必需的发电系统、加油站和学校等基础建设、各地的农作物和水产品交易中心等。在这些服务系统的支持下，社会得以有效地运行，继而衍生其他类型的服务系统。

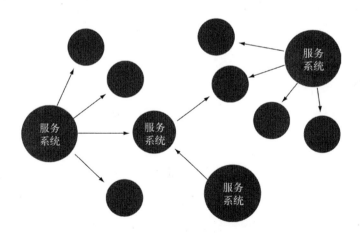

图2-7　建立网络平方的必备要素

"现实世界"与"想象世界"的二分构图法在文学作品中经常用到，现在还要加上第三个"网络世界"了。在网络世界中，开始出现与现实世界的服务系统相类似的服务，这些服务又衍生出其他的网络服务。当然，如果我们选择不使用Web上新兴的种种服务，坚持采用传统的方式，在某种程度上的确能体验到别样的风味，但这到底是不是一个高效的好办法，我们还要打问号。虽然没有电可以点油灯，没有学校可以在家学习，可是如今似乎很难把这些称为好方法。虽然我们还无法预知以这种网络服务系统为中心发展起来的东西会不会成为真正的Web趋势，但重要的是这种变化已经开始，并且已经形成了超乎想象的巨大浪潮。

Web问津于平台

当下，平台巨头们不断扩张势力，技术创新速度因不同领域间竞争的白热化而日益加快，谷歌、Facebook、亚马逊等主要平台企业大多以Web为基础发展壮大。我们有必要重新审视一直以来认为其存在理所当然的Web，目前的Web都是以适合桌面浏览的文档形式组建起来的。现在，全球的网页大部分都以1024×768像素的电脑屏幕为标准制作。800×600像素的显示器曾经是主流，但向支持更高分辨率方向的转换并没有引起太大的混乱。屏幕大一些，旧格式的网页内容虽然显得有点大，但是照样可以浏览。

智能手机虽不是桌面文件系统，却有网络功能，又可当信息消费电子产品使用。随着这类消费家电的增多，如何将Web上的丰富资源运用到这些机器上就成了一个课题。针对分辨率较差的小屏幕，要么单独制作专门的移动主页，要么使用全景浏览（full browsing）技术生成网页整体缩略图，再对用户需要查看的部分进行放大。然而这些解决方案都无法同时满足Web提供者和消费者的需求。

目前已经刮起了一股移动应用程序开发热潮，这些程序抛弃了单纯以网页形式显示信息的传统方式，提供各种以智能手机用户状态信息为基础的创新应用。

现在，智能手机上附加了探测当前位置的卫星导航装置以及各种探测光线、速度、方向、高度等的传感器，能通过摄像头和麦克风即时捕获各种信息，智能手机之间还可通过多种方式交换信息。

网页的根本属性

Web 基本上以文档为基础。通常文档呈现为信息与格式混合的形态，包括实际传达的内容和显示模式，因而直观且容易制作。初期的 Web 方便提供者操作，任何人都可以把自己的文档轻松转换成 Web。如果需要把 Web 上的文档放到互联网上与他人共享，只需简单地对某些部分的字体进行加工，放大、加粗或在某些部分画下划线等。此时 Web 最大的贡献就是利用文档与文档的"链接"（link）让所有文档都拥有了世上独一无二的地址。

但是这种 Web 也存在一个致命的缺陷。由于格式与信息混杂于文档之中，所以当人们只想改变格式或只想获得信息时，没有一个合适的解决办法。为了弥补这一缺陷，出现了记录 Web 格式的标准（CSS）和以分层结构记录信息的标准（XML）。Web 的另一个缺点是只能显示纯文本，对于其他要求华丽格式的信息，如在线视频、动画广告、游戏等都无能为力。人们为此曾尝试了不少办法，现在的浏览器上比较通行的主要有脚本（script）语言和 Adobe 的 Flash 方式。脚本语言比一般程序语言的结构更简单，处理起来也更方便。

Web 的信息化和结构化对近来博客的普及产生了巨大影响。提供博客的大部分企业都支持博客订阅功能。用户只要收藏了想看的博客，当该博客有更新内容时，就可自动下载到专用的博客订阅器上阅读。不同于单纯的 Web 文档，博客可以在另一个完全不同于网页的订阅工具上显示相关内容。在对抗报社类大型媒体门户，促进博客类个人媒体发展方面，这种订阅方式起到了很大的助推作用。

综上所述，Web 是由文档结构逐渐转变为格式、信息和程序共存的形态的。随着以智能手机为开端的后桌面时代来临，如何在智能手机上显示和运行程序成了迫在眉睫的课题。现阶段企业的对策是制作移动专用软件。那么，信息该怎么处理呢？这时的信息超越了网页的范畴，变得比 Web 上的既有信息更加结构化。为了适应移动时代的需要，现在的 Web 文档已经不满足于 Web 的信息提供，还会根据消费家电的特征进行重新编程设计，即实现了信息与格式的实质分离。这种变化发生得突然，并且在一段时间内不会有大的转向。

苹果等智能手机的创新进程飞速，这与当初个人电脑进入成熟期时出现互联网与 Web 的情况完全不同。虽然开发随时随地都能使用的显示模式和应用程序具有一定程度上的大众意义，但企业却不得不面对创新速度相对缓慢的问题。为了最终收获标准化、共享化的果实，企业必须进入产业领域移动创新的成熟期。另外，虽然只是移动创新的一小部分，但很多企业也在积极开发 HTML 5 这种强力兼容格式和程序的新技术。

诞辰 20 周年，迎来青年期的万维网（Web）

现在的万维网是由曾就职欧洲 CERN 研究所的提姆·伯纳斯 – 李在 20 年前发明的。为了有效地管理和共享大量研究人员的研究成果，他确立了文档与文档实现之间的链接（link）概念，这就是现在存在于几乎所有 Web 中的文档连接方式——超链接（hyperlink）。

20 年前发明的这种 Web 与美国国防部开发的在战争等非常状态下也能实现连接的网络技术相结合，就是现在的互联网。人们习惯把 Web 与 Internet 同等看待，但这两者其实是由不同的技术结合起来的。在 Web 建立之初并没有多少网页，但到现在，谷歌提供的搜索结果仅确认内容这个环节的网页数量就超过 320 亿个。考虑到没有在谷歌上建立索引的网页接近 30%，那么现在 Web 上网页的总数应该有 450 亿个左右。二十几年的时间居然有这么多网页产生，这不得不令人惊讶。

Web 上掀起的变化浪潮

一路走来，Web 似乎已经达到最巅峰的全盛时期，然而近年来对 Web 的未来表示担忧的声音反而越来越高。这些担忧主要围绕着手机软件与 Web 平台的出现导致的 Web 萎缩。现在，越来越多的企业已经开始绕开 Web，直接通过应用软件在智能手机或 iPad 这类终端机上提供服务。作为应用程序的代表性消费终端，智能手机拥有数亿的用户群体。

美观而有趣的应用程序设计可以彰显手机的个性，只要做得好，售出后就能获得不错的收益。与之对比，传统 Web 的盈利情况让人担忧。由于现行 Web 呈水平而分散的结构，缺乏统一管理，虽然它拥有无穷的可能性，但"免费"的泛滥却使它频频贬值，难以盈利。应用程序则不同，首先，复制一个应用程序比复制一个 Web 结构的网页难得多；其次，苹果等公司从旁辅助，为正版应用程序的销售提供方便的在线支付手段和更新提醒功能，大大优化了用户体验。应用程序的这两大优势提供了为企业创造利润的巨大可能，从而吸引了大批以"内容"为卖点的媒体企业，通过相应的应用程序销售视频、资讯等"内容"获得绝佳收益。一个典型的例子就是美国著名 IT 专业期刊《连线》（*Wired*）杂志在制作适用于 iPad 的应用程序后，通过向用户收取月租的方式在上市初期创下了巨额的销量。另外，手机软件的销量也基本接近于在电脑上安装使用的微软 Office 类应用软件的销量。

Web 平台的出现让 Web 的前景雪上加霜。这是由拥有最高超过 8 亿以上用户的 Facebook、以庞大信息传播量形成口碑营销的 Twitter 以及亚马逊、谷歌、苹果这些平台巨头共同导致的。人们开始担心，Web 这个互联网大爆炸时期形成的水平银河系，会以拥有强大网络的平台巨头为中心重新分裂和组合。也就是说，Facebook 的社交平台、谷歌的搜索平台、苹果等的媒体平台拥有的网络业务如此强大，使现行 Web 的水平结构丧失了力量。"在不久的将来，Web 将被垂直型平台企业们割据统治"，这种说法是不是空想家们的杞人忧天，我们还不得而知。手机软件带来的时代课题以及平台企业在世界范围的大发展会怎样影响 Web，我们还要拭目以待。

电的发现改变社会系统

试回想一下人们掌握了发电的方法却不知如何在市场中销售电的故事。在电被发现以前，洗衣机、电视机这些家电产品当然不存在。必须让人们看到简单实用的电器产品，爱迪生选择了做什么呢？他发明了白炽灯。在白炽灯出现以前，人们用瓦斯填充路灯来照明，由于瓦斯难以输送到普通家庭，所以普通百姓使用的都是油灯或者蜡烛。但白炽灯发明以后，夜晚变得像白昼一样明亮，企业提高了生产效率，人们的日常生活也发生了翻天覆地的改变。由此看来，电与白炽灯真是一对绝妙的组合。

见识到白炽灯发出的亮光，人们开始希望通过购电来使用它，于是白炽灯成为在电的普及过程中扮演核心角色的杀手锏。国外著名 IT 顾问尼古拉斯·卡尔曾因其论文《IT 无足轻重》(*IT Doesn't Matter*) 引起世界范围争论，在其著作《大转变》中他指出，要想真正实现电的普及，必须有两个技术创新同时起作用：第一是提高发电效率；第二是提高电压，实现电的长距离输送。

初期模式是在距离用电设备较近的地方发供电，这对构建社会电力系统的爱迪生来说是有利的。因为当时他控制着所有电力相关企业的生产授权——从发电到电灯泡、电线生产。

也就是说，小规模私营发电厂越多，爱迪生赚钱越容易。可是，当时的发电厂为了提高发电量，不断地通过企业兼并来扩大自身规模。随着发电效率更高、输送范围更广的大规模发电厂越来越多，用电的人也越来越多，单位电费大大降低，电力系统逐渐发生变化，人们只需按月支付费用。这种电力需求的增加和发电成本的降低形成了以电力为中心的现代社会系统，并保持至今。爱迪生在此过程中想了不少办法试图抵抗这种变化，但终究无法扭转以规模经济为基础的效率优势大潮。

Web 有可能变得像电一样吗

对比 Web 的发明与电的发明给社会系统带来的变化，就会发现，Web 就相当于用浏览器这个"电灯泡"进行照明的"电"，而互联网则是把 Web 传输到各家各户的"电线"。不过，提姆·伯纳斯－李发明的 Web 和爱迪生发明的电存在很大的差异。首先，Web 以网页形式呈现，而电为无形之物，更加灵活；其次，Web 除了浏览器这个消费方式外别无他途，而电就算除去白炽灯这项家庭用途，也还有其他家电产品；最后，Web 是水平而民主的，任何人都可以制作和传播，而电却只掌握在拥有大型发电设备的少数人手中。

Web 在文化方面的确对社会产生了重大影响，但它能否像电一样成为驱动万物的另一种力量，这还是个疑问。Web 要想变得跟电一样，首先必须消灭其形体，使其不单能在浏览器上，还能在其他消费家电上使用；其次，在人们需要之时要有充足的供应量。可惜 Web 从提姆·伯纳斯－李发明之始，就只是文档内容和文档间关联的表现形式。

就像存在"电力"这种说法一样，要使 Web 文档拥有相当于"信息力"一样的影响力，Web 就必须从有形之物转变成更有活力的"电子"。在 Web 获得信息力的同时，市场上必须有大量向消费者提供相应功能的消费家电。而想让人们购买消费家电，就必须存在提供充分信息容量的供应者和范围广泛的传输网，以便人们想要多少就能传输多少。这种概念也许相当抽象，可是在 Web 诞生十几年后的今天，Web 已经在寻找新的转型道路，这些假设在将来实际发生的可能性越来越高。有形的 Web 正在转变成无形的 Web，而使用无形 Web 的企业和消费家电也越来越多。另外，由于平台巨头企业积累的大量信息使得更高品质的服务变为可能，预计将来的互联网网速会比现在快 10 倍以上。

有关"Web 已死"的话题

2010 年中旬，《连线》杂志的主编克里斯·安德森在杂志上刊载的一篇文章引发了热议，文章的标题是"Web 已死，Internet 永生"(*The Web is Dead, Long Live the Internet*)。Web 时代代表性杂志《连线》的主编居然站出来说"Web 已死"，人们不禁要围拢来看一看究竟是怎么回事，更何况他是《长尾理论》和《免费——商业的未来》的作者，他的言论自然更引人议论。习惯性地认为"Web=Internet"的人也许会对"Web 已死，Internet 永生"这个说法感到诧异。安德森的主要观点是，由于手机软件等的出现，Web 正在丧失其本身固有的特性，被提供 Web 信息的无形服务取代。在他引以为据的一张图表中，Web 的相对市场占有率下降，而 P2P 领域却在增加，他解释说这当中包含应用程序以及 Web 之间无形的通信。另外，在线视频占据很大传输量且其使用量也一路狂奔，这也导致 Internet 的市场占有率急剧上升。

对此，批评者各有说法。有人指出 Web 的相对占有率即便下降，其绝对利用值却仍在增加；有人质问在线视频比网页更重要的根据何在；甚至有人怀疑，《连线》杂志以推销媒体盈利，作为主编，安德森想为那些在苹果等公司销售应用来提高收益的媒体企业说话。不管怎样，安德森的直言快语和大胆表述成功地使这一言论成为了热议的话题。他与 Web 2.0 之父提姆·奥莱利在电子邮件中展开舌战，甚至还将辩论内容公开挂在网站上。由于"无形的 Web 是不是 Web""Web 是否可以脱离 Internet""开放型与封闭型环境是否相互包含""是不是时间问题"等基本视角上的差异，这一辩论最难下定论。

经过十几年的发展，Web已经处在一条转型的道路上。它追求的水平价值有时在一些国家会被弱化，这些国家为了便于内部控制而选择性接受Web。另外，使用与开放性Web特性相反的垂直和水平综合型平台战略的企业正在加快发展，这也是不争的事实。垂直型综合是指苹果这类亲自经营硬件、软件和服务等的公司，而水平型综合指的是谷歌这类开展多种服务的公司。人们越来越关注这些企业将来会如何使用Web，抑或Web世界将会如何包容这些企业。

电以白炽灯为先锋队渗入消费家电，成为我们日常生活中如空气一般的存在，也许Web也会变成无形的Web，以iPhone为先锋队进入其他智能终端，如智能电视、智能冰箱、智能汽车等领域。如果是这样，那么Web就不是将被手机软件等新生事物取代，而是正处在朝着下一个时代演进的道路上。

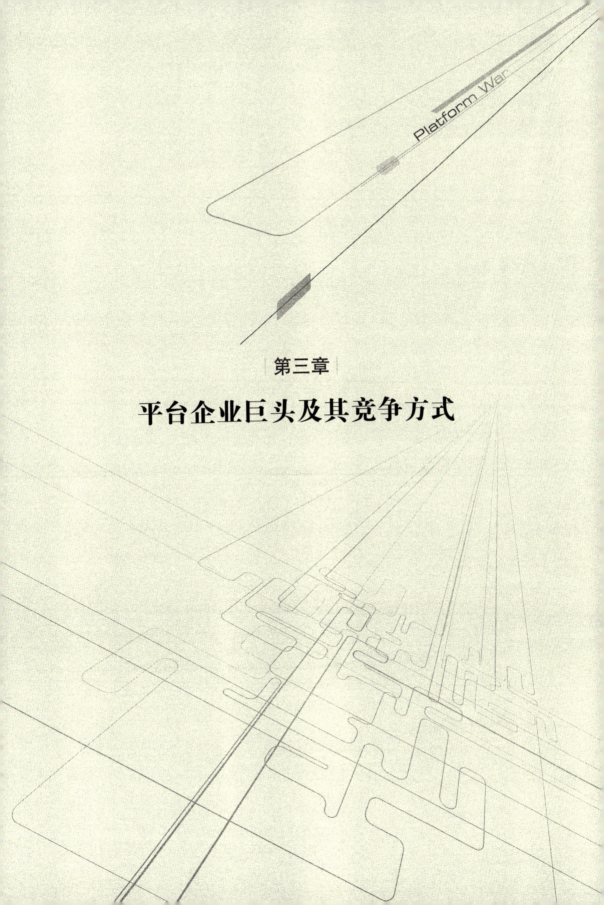

第三章

平台企业巨头及其竞争方式

谈到平台，我们往往会提到苹果、谷歌等跨国IT企业。这些可以称为平台巨头的企业调节着市场，引领着创新的步伐。他们既是打造好工具的能工巧匠，又是商业生态系统的支柱。现在，是时候探讨一下这些平台企业的发展历程并展望他们的未来前景了。

日益激烈的战争——平台战争

近年来，之所以时常提到平台，是因为企业需要根据不同客户群体和阶层，制作可供多元选择的模型，并关注非一次性产品和服务的品质提升问题。也可以说，是因为企业要追求双边市场中催化剂式的成长潜力，在与消费者沟通的前提下谋求业务的发展。在这个过程中，消费者的需求会变得复杂，从单纯的抱怨转变为给予积极的反馈；而企业在探讨自身发展时，对潜力巨大的平台业务也跃跃欲试。

尽管众说纷纭，但最近出现的有关平台的讨论还是让人感到突兀，也许是因为该变化需要从更宏观的层面来把握吧。

后个人电脑时代的来临

最早的个人电脑叫做 Altair，上市于 1974 年，使用的是英特尔公司的 8080 芯片。之后，电脑开始在家庭中普及。根据数据研究机构高德纳的统计，截至 2008 年 6 月，全世界个人电脑配置大约有 10 亿台，预计这个数字到 2014 年左右会增至 20 亿——这主要是由印度、中国等发展中国家的新需求导致的。

那么手机呢？以 2010 年初为准，每个季度的手机产量约为 3 亿台。大致估算，市场中手机的销量比电脑高 4 倍左右。最近，智能手机的销量猛增，虽然其产量不到全部手机产量的 1/5，但据目前的增长势头看来，它迟早会追上电脑的产量。智能手机的产量一旦赶上电脑，这又意味着什么？

非智能手机始于音频通话目的，虽然后来陆续添加了铃声、手机游戏、新闻等多种功能，但仍难以给消费者提供满意的体验。诸如，屏幕尺寸太小，网速慢，通信资费还很高。由于内存和演算处理芯片性能较低，即使增加扩展组件，也只能提供简单的功能。智能手机就不同了。它的信息处理速度接近于低档迷你型笔记本电脑，可以储存和观赏 10 部以上的高画质电影，兼有触屏功能，比使用鼠标还方便。不仅如此，智能手机的网速流畅，在通信资费方面也因智能手机补助金和免费数据通话费的存在而显著降低。换句话说，智能手机提供全部手机功能的同时，又与电脑互补了一些不足。之所以用"互补"这个词，是因为目前就说作为重要商业工具的电脑已被智能手机取代还为时过早。

智能手机因为屏幕和键盘等硬件问题，还只能划归为消费型电子产品。但在移动服务如 Twitter 等社交网络服务领域，智能手机正在快速地取代电脑的角色。实际上，Twitter 用户中大约 63% 的人都使用智能手机阅读和发表文章。

电脑和智能手机不同的更新换代速度也值得我们关注。现在已售出的个人电脑每年约有 16% 被淘汰，平均每 5 年左右换代一次。手机的平均更新寿命约为 2 年。之所以说这种更新换代的时间差很重要，是因为在需要硬件革新时，每隔 2 年重新购置的智能手机比每隔 5 年才重新购置的电脑所花费的时间更短,操作也更容易。所以企业如果想成为主导市场的革新企业,选择智能手机显然比选择电脑更有利。

另外,市场的潜在成长度也是主要原因。虽然现在智能手机的产量只占全部手机的 1/5,但不久之后大部分手机都会变成智能手机,这一点已是公认的事实。届时,智能手机将打开一个比电脑大 5 倍的市场,成长速度惊人。尽管智能手机仍归类于手机,很难将其看作一个新的市场,但是一直以来硬件环节薄弱的手机市场已转化为一个像电脑那样拥有各式各样软件和服务的巨大市场。智能手机仅仅只是开端,iPad 和 Galaxy Tab 所代表的 7~10 英寸平板电脑正逐渐在市场中形成新的产品类别。所有这些新型产品的共同点就是,和智能手机一样拥有装载软件和服务的充足空间。

平台攻略

在智能手机、平板电脑、智能电视机等诸多领域陆续被开垦出来的今天,什么问题需要迫切解决呢?由于各厂家的机器屏幕尺寸不一,从内置附件到功能、操作系统等也不可避免地有所差别,如果要根据不同机型单独制作软件或服务的话,成本与收益的比值就很成问题,难以激活整个市场。国外巨头企业的做法是,一旦制作了某个软件或者应用,就会构建和提供相应平台,使之能够同时运行在智能手机、平板电脑和智能电视机等各种硬件上。从平台角度来看,这可以很好地满足消费者对以硬件平台为基础的多种智能终端机的需求,且在双边市场方面也有显而易见的好处。消费者当然愿意为智能手机购买的应用也能同时运行在平板电脑和智能电视上。开发者制作应用程序后,如果不需修改就能在多种终端上销售,也会省了很多麻烦。这样,企业的经营对象就不再是在 1024×768 屏幕上运行微软 Windows 操作系统的 PC,而是拥有附件、传感器、图像处理和演算能力的、屏幕大小各异的双重终端,因此,制定平台战略就成了企业的迫切需要。

平台既可以采用苹果那种从硬件到软件、服务一条龙操作的形式，也可以由好几家公司共同分担不同环节。谷歌向市场免费提供安卓手机操作系统，装载该系统的手机硬件部分由制造商负责，而根据市场情况加以改造的工作由移动通信商来做。同时，谷歌还与生产 CDMA 手机芯片的高通公司联手开发手机，这种强强联合可与当年微软和英特尔公司 Wintel 的联盟相媲美。

这种以平台为核心，联合起来以扩大势力的做法，是企业在自身掌握着市场主导权的时候用以分散危险、展现影响力的有力方法。只不过为了达到这些目的，需要有相应的平台为联合调节和政策制定提供支持。

导致 Web 平台企业提前隐退的主导权竞争

近年来，随着以智能手机为基础的新型市场的打开，连现行 Web 上的传统强势平台企业都遭遇了新兴竞争对手的挑战。主导权竞争起因于在智能手机紧追 PC 产量的市场环境下，智能手机和平板电脑等新型电子产品开始取代 PC，成为现行 Web 消费的主要方式。有调查结果显示，智能手机用户平均每天使用智能手机上网 1 小时以上。所以，如果企业不积极应对后个人电脑时代，即智能电子产品时代，那么作为 Web 平台企业的地位就有可能动摇。

由移动通信商主导的现行市场体系一直以来被视作理所当然，然而苹果打破了这一传统，显示了那些了解软件、引领革新、统合收益的终端机制造商主导市场体系的可能性。不管怎样，既有的市场法则已被破坏，企业就要关注其面临的无数机遇。当然，这种状况是否对所有人都是机遇，我们还需存疑。

平台企业巨头

希腊神话里的巨人族"泰坦"用自己巨大的力量与神族战斗，开启了和平的黄金时代，后来遭遇来自奥林匹亚的年轻神族的挑战，在 10 余年的奋战之后不幸败北。当今时代是一个足以被称为"平台泰坦"的巨人族——涌现的时代，也是市场中一项创新引发下一项创新的变动时代。但是，来自像奥林匹亚年轻神族那样的平台势力的挑战并没有正式开始。

成为平台巨头的资质

要成为平台巨头需要什么样的资质呢？神话故事里曾有一个叫阿特拉斯的巨神力大无比，能够将地球托于肩上。如果把企业建立的平台比作一块平板，那么在其上放置的支撑第三方生产新产品的能力就应该是平台巨头首先应具有的基本能力。也就是说，他们必须构筑和维系以平台为中心的商业生态系统，发挥中流砥柱（Key Stone）的作用。

其次，要引领时代潮流，争做各自领域中拥有巨大传播效应的创新成果的发源地。希腊神话中，普罗米修斯为人类带来了火种。如果把已经建好的平台比作"火种"，那么平台巨头就要有能力对外展示这个创新模型，并继续创造新的成果。也就是说，必须在自我创新的基础上发挥领导未来的作用。

最后，要运用自身的智慧与力量生产并对外提供优秀的工具。独眼巨人是巨人中比较特异的种群，他们帮助匠神赫菲斯托斯为奥林匹斯山的众神打造了精良的武器。宙斯的雷霆之杖、波塞冬的三叉戟等都是在独眼巨人的帮助下完成的。像独眼巨人一样，平台为第三方提供工具，并在提供支持的过程中得到强化。如果提供的工具拥有像宙斯的雷霆之杖那样在别处难以寻觅的唯一性和独特性，那么就以该平台巨头命名这个工具。也就是说，平台巨头需要将自己的创新成果工具化，对外扮演锻造师的角色。

堪当平台巨头之称的企业

在介绍平台巨头时，从苹果开始说起几乎没有什么争议。运行在同一个 iPS 系统上的 iPod、iPhone、iPad 的销量总和超过 1.2 亿台。在商业生态系统中，苹果建立了第一个让开发者以全球消费者为对象开发、售卖应用程序的真正意义上的开放型市场。在这之前，开发者只能够通过与移动通信商缔结协议的渠道来销售手机软件，销售的条件也根据协商结果的不同而变化，要进入市场实属不易。而苹果却将开发者的收益模式从销售收益扩大到广告收益和应用程序内部增强组件的销售等范围。

在造就现在超过 5 兆韩元①的手机软件市场方面，苹果功不可没。苹果还是创新的引领者，它曾在 iPod 上使用 click wheel 界面；到 iPhone 时代又加入了多点触摸和传感器（光线、重力、指南针等）等多项专利技术，最近还提供了可视电话服务 FaceTime；到了 iPad，苹果运用战略成功地将平板电脑这个曾经失败的产品类型变成了可代替迷你笔记本的多媒体消费电子产品。

从只有 click wheel 技术的 iPod 到如今的 iPad，苹果的平台将产品和服务紧密相连，发挥着互补的作用。

此外，苹果还向开发者免费提供开发工具。由于苹果也提供位置信息服务，开发者只要获得用户的允许，就可以很容易地开发出使用用户位置的应用程序。这些程序有的可以免费发送短信，代替传统的 SMS 方式；有的支持与当前位置附近的用户联机玩游戏，不久前，利用网络连接远距

---

① 约合人民币 274.4 亿元。

离用户也成为可能。虽然开发者也可以在传统手机上开发这些程序,但利用苹果提供的工具明显会简单很多。

如果说苹果是以硬件工程出身、在软件方面也做到了完美的话,那么服务领域的强者——谷歌又是如何操作的呢?谷歌也有以搜索为基础的生态系统。除了直接将客户的广告挂在自己网站上,谷歌还通过广告联盟(AdSense)在互联网的主要网站上投放与网站内容相关的广告。

谷歌的另一个重要贡献是谷歌地图。谷歌地图在合并了全球卫星地图和道路地图等之后向外部开放,让人们免费使用。人们可以在地图的相应位置标记待售的房产、好吃的餐厅等各种各样的实用信息。除谷歌外,现在能够提供这种服务的大概就只有制作必应地图的微软了。

谷歌也以创新型企业著称。谷歌搜索引擎技术本身就是一项创新,除此之外,还有包含海陆空的谷歌地图、超过10G空间的免费Gmail邮箱、不用安装就能创建文档和图表的谷歌文档等。另外还有一些看上去稀奇古怪的尝试,翻译、语音识别这类服务还说得过去,投资风力发电、无人汽车等技术就让人摸不着头脑了。

谷歌是所有服务平台中对外提供工具的先驱。谷歌地图诞生后,有位黑客曾演示如何将自己的信息上载到地图中,谷歌干脆就雇用此人来做谷歌地图的对外开放项目。随后,谷歌又推出安卓手机操作系统,并开放源代码,使通信公司和手机商可以根据自身需要进行修改。

以上我们谈了硬件和服务领域的两个强者,下面探讨软件领域。在个人电脑操作系统市场中,占有大部分市场份额的微软是一家非常擅长平台商务的公司,它一直与电脑生产商、周边设备制造商、程序开发商等相互支持,保持着紧密的合作。在创新方面,微软与苹果、谷歌相比处于劣势。它之所以能够一直保持现金储备最多的地位[①],是因为操作系统捆绑应用软

---

① 目前苹果的现金储备量处于第一。

件的方式可以很完善地为用户提供需要的功能。事实上，微软通过为开发者提供工具从而确立市场地位的能力非常出众。苹果曾犯过对Mac开发工具收费的错误，微软宣布免费向开发者提供开发工具，保证了应用程序的产量。这种差别最终成为Wintel阵营胜利的决定性因素。不过，尽管Office办公软件和IE浏览器的市场占有率稳居第一，和其他平台巨头们的动作相比，微软仍显得较为迟钝。

我们谈了硬件、服务、软件这三大领域的平台企业巨头，但平台世界的故事里若只有三位主人公，舞台未免显得太空旷。尤其是包括谷歌在内的服务领域还可以找到许多其他的平台巨头。以Facebook为例，Facebook在全球拥有超过8亿注册用户，是社交网络的代表。在它之前，最受欢迎的社交网站是Friendster网站，虽稍不及音乐社交网站MySpace，但Friendster后来成功地转型为平台企业，并延续至今。

可能有人会认为把Facebook列为平台企业有点奇怪，其实第三方开发者为Facebook制作的应用远比苹果的App Store多。而且，Facebook还通过鲜花等虚拟物品的出售和专用支付手段的提供等构建了平台基础上的收益模型。直接使用Facebook账号登录外部网站、将外部活动链接回Facebook的服务已经上线。Facebook从用户与好友间共享信息这种简单的创意开始，在积累了相当规模的会员后，又使信息流动化以创造价值，这种独创的运营方式将其他竞争对手远远地甩在了后面。

再来谈谈另一个社交网站Twitter。Twitter允许用户互发140字以内的短消息，它的粉丝关注概念和Facebook略有不同。因为关注人数本身意味着名气，这就比Facebook上的用户关系更灵活和宽松。用户可以将自己关注对象的消息转发给自己的粉丝，可以毫不夸张地说，Twitter在社会营销层面具有的价值就在于信息的传播性。另外，Twitter让用户能在大多数外部网站上使用自家服务，这一点显得与众不同。Twitter的开放性甚至到了可以利用Twitter提供的接口建设另一个像Twitter这样的网站。在

Twitter 运营初期，一度出现了很多将发表和转发消息这一操作简化的应用程序，此外还有上传照片和视频、将网页链接缩短以确保在 140 字以内可见等多种服务。其中一个比较有趣的服务是，只要输入某个 Twitter 账号，屏幕上就会列出该账号的关注对象，及这些对象的其他粉丝。

Twitter 提供工具的能力比本身的创新能力更加卓越。将大部分服务功能界面化以供第三方开发者使用，接受用户的反馈以提高服务质量，这是 Twitter 存续至今的原因。比如，将关注对象的消息转发给粉丝的锐推（Retweet）功能就是根据用户反馈的意见开发出来的。

除了上述企业，亚马逊和 eBay 这种电子商务公司也具有平台巨头的资质吗？尽管互联网拍卖也具有拥有卖家与买家两个客户群的双边市场特性，但电子商务本身与平台的这种特性有些距离。然而，前面提到的亚马逊和 eBay 却绝对有被称为平台巨头的充分理由。首先，亚马逊作为全球最大的网上商城，开创了保存支付卡号以便下一次购买的消费概念。亚马逊之所以这样出名，是因为它可基于用户的购买历史向用户推荐相关商品，并且允许自家商品在外部网站上再次出售，与合作网站共分利润，尤其是后者。为了实现这种子网营销方式，亚马逊很早就将自己的 Web 服务对外开放。尽管亚马逊本身并不是一个开放式平台，但通过这种与网站合作实现的销售额却相当可观。

亚马逊拥有运营大量服务器的经验，并在此基础上推出亚马逊网络服务（amazon web service，AWS）。简单地说，就是将电脑的运算处理设备和硬盘等基础设施组件模块化并出租。这种服务非常适用于企业难以把握服务需求的业务初期，或者季节性因素导致的某一时期资源使用量猛增的情况，因为企业可以只在需要的时候租用必要的资源量。在创新方面，亚马逊制造了成功的电子书阅读器 Kindle，它让用户可以随时通过网络下载和购买电子书。Kindle 的优点还包括支持电子墨水，长时间阅读眼睛也不会疲劳，携带轻便等。而 eBay 由于拥有全球最大的在线结算服务贝宝

（PayPal）和网络电话服务商 Skype①，也可称为平台巨头。

那么媒体服务领域有哪些平台巨头企业呢？仅数码音乐市场，iTunes 就拥有 70% 的市场占有率。已经形成寡头垄断的苹果绝对值得各大唱片公司警惕。那么影视方面呢？根据摩根士丹利公布的资料，北美地区的在线视频传输流量占了 37%，对比过去显著上升。其中，最大的单一流量来源是 Netflix 公司。可能很多人会以为是 YouTube，但 YouTube 由于视频播放时间短，只在访问次数一项名列第一。Netflix 在北美极受欢迎，北美互联网总流量的 29.7% 都是用户通过 Netflix 观看在线视频时产生的。这个数字是 YouTube 流量 3 倍，差不多等同于与网页有关的总流量。这样的 Netflix 当然应跻身平台巨头的行列，在后文中我会详细谈到。

虽然与以上提到的平台巨头相比较小，但在地区广告领域也存在颇具影响力的企业。据最新调查，有一家公司已经超越谷歌，成为员工人均销售额最高的企业，它就是 Craigslist。Craigslist 明显属于平台企业，但鉴于和前文提到的标准重复，此处略过不提。

苹果——控制用户体验的垂直型企业

苹果公司是史蒂夫·乔布斯和史蒂夫·沃兹尼克在美国硅谷的仓库中创办起来的，它制造出了最早的个人消费级电脑 Apple I。紧接着上市的 Apple II 创下了空前的热潮，诞生了无数的苹果粉丝，使苹果成为继企业用大型电脑强者 IBM 之后跻身个人电脑市场的又一大品牌。当时，苹果与 IBM 两大阵营在个人电脑市场上展开了堪称为"史诗"的平台战争。

① 2011年，微软以85亿美元收购了Skype公司。

结果是 IBM 阵营——准确地说是以微软和英特尔为中心的 Wintel 阵营——胜利了。

Wintel 在个人电脑市场成为主流，苹果自然被留在了以"果粉"为主体的非主流市场中。虽然苹果也曾开发过 Mac 电脑等少数成功的产品，但因为经营恶化和内部矛盾加剧，初期的创业者纷纷离开，苹果的业绩不断下滑。直到史蒂夫·乔布斯回归以后，苹果才逐步攀登上主导世界变化的潮流之巅。在与 Wintel 阵营对峙的平台战争中苹果为什么会失利呢？而后它克服全盘劣势、重新掌握领导力的契机及其独有的平台战略又是什么呢？

Apple II 曾是成功的硬件平台

Apple II 是在 20 世纪 70 年代生产的。当时，一提到电脑，人们就会联想到与大型计算机相连的外观呆板的办公终端机。对他们来说，Apple II 将键盘与主机自然融为一体的设计真是新鲜无比。

苹果在设计 Apple II 时添加了一个重要组件，对 Apple II 的成功产生了关键作用，这就是扩展槽。它是一个与电脑内部主板相连、可以插接扩展卡的装置。用户只需插上和现在智能手机大小差不多的卡片，电脑可摇身一变，成为制作电子音乐的 MIDI 设备、影像处理设备或可驱动办公软件的专用办公设备。当时有一种使用 Z80 芯片的 CP/M 卡，只要插上它，Apple II 就可以使用微软 Excel 的鼻祖——VisiCalc（石灰粉）程序，变身为一台完全不同于先前的电脑。当年，为了使用 VisiCalc 程序而购买 Apple II 的人不计其数，套用一句现在的话，它就是杀手级应用的鼻祖。由于只需在 8 个扩展槽上分别插上功能不同的卡片就能扩展出无数的应用功能，Apple II 受到了教育、商务、游戏和专业领域等各种人群的喜爱。

与此同时，先生产扩展卡再根据它制作软件的先后次序也建立起来。上文提到的 CP/M 卡可使用的软件除了 VisiCalc，还有数据库 dBase、文字处理软件 WordStar 等非常有意义的软件。而这些都不是苹果公司制作，而是第三方公司经由苹果提供的硬件平台开发出来的创新产物。

与 Wintel 阵营开战前后苹果犯下的错误

苹果公司拥有一上市就深受欢迎、持续生产到 90 年代的产品，却在与 Wintel 阵营的交战中败阵下来，这究竟是什么原因呢？现在看来，是因为当年的苹果对平台的战略性思考还不及现在这么深入。苹果生产的这种使用扩展槽的电脑是一个成功模式。在后来的 IBM 兼容机中，就一直存在着配有大约 8 个扩展插槽的机型，并且时至今日这种设计趋势也没有改变过。

然而，当时苹果却进行了两种改变，一种是生产没有扩展槽的电脑，另一种是使用效率更高的基于 SCSI 的扩展方式。去掉扩展槽是为了避免电脑内部空间的浪费。苹果在分析了最受用户欢迎的几种扩展卡后过于自信地认为，只要将这些扩展卡连接到打印调制解调器等设备上，就没有必要再设置扩展槽了。但办公用 CP/M 卡和音乐卡等却因此不能再用，现在看来，这很难说是一个正确的选择。

在用扩展卡代替扩展槽的方式之外，苹果在 Mac 电脑上采用的方法是使用后台的 SCSI 接口连接实现扩展功能，直接省略了插接扩展卡的操作。SCSI 的支持设备包括插接电脑的连线和与外围设备相连的部分。这些设备就像链条一样被串联起来，因此在电脑上只需预留一个接口就够了。虽然这项设计在速度和空间利用方面强过以前，但问题是无法在短期内将市面上的扩展卡都替换成 SCSI 专用卡，而且周边设备的价格也比较高。

苹果将当时 Apple II 上用途多样的扩展卡改成了打印机、扫描仪、外接软驱等设备。这导致苹果将自己的强项——电脑用途的多样化可能性降低了，从而丧失了因支持苹果而开发扩展卡及其软件的企业的信赖。

苹果犯的另一个错误是双边市场的补助问题。苹果初期生产的 Apple II

等机器使用的是 BASIC 语言，该语言易于制作简单的程序。如果需要更高级的语言，只需从提供使用 PASCAL 等开发语言的企业那里购买即可。可是到了后来，电脑变得越来越复杂，提供操作系统的公司开始直接向开发者提供开发工具，而此时苹果却做了一个与微软完全相反的决定——向开发者收取开发工具和支持程序的使用费。当时微软的操作系统虽然在技术成熟度上不及苹果，但却通过免费提供开发工具吸引了大批开发者的参与。在个人电脑的两大竞争平台之间，微软虽在功能上稍处劣势，但在总开发经费等方面却相对有利，难怪开发者们蜂拥而至。

最终，更多的应用程序数量吸引消费者涌向 IBM 兼容机专卖店。相应机型卖得越火，开发者就越多，这种良性循环的确立成了 Wintel 阵营制胜的关键。

在廉价兼容机的接纳问题上，苹果和 IBM 都是先接纳后否决，但后来 IBM 却因为兼容机的持续大量生产而撤出了个人电脑市场。微软和英特尔都是 IBM 兼容机的最大受益者，因为该机型必然需要操作系统和中央处理器等硬件设备。市场的参与者们逐渐倾向于以 Wintel 为中心聚集在一起，共同参与这个创造利益的经营模型。IBM 为了抑制兼容机的市场热度、平衡操作系统的市场，进行了诸如开发 OS/2 操作系统等多种尝试，仍无法动摇已经确立的市场秩序。

那么苹果方面呢？苹果自主生产电脑和操作系统的经营方式使得苹果电脑的操作系统和电脑硬件本身的关联性非常高，其他企业很难破坏两者之间的这种衔接。由于拥有自己的操作系统，即便苹果允许兼容机存在，也不会出现像 IBM 那样的局面。但鉴于廉价兼容机对苹果电脑本身的销售产生的恶劣影响，苹果在战略上选择非兼容。尽管苹果在从扩展槽发展起来的硬件平台基础上构筑了优越的商业生态系统，但却只狭隘地从美学和技术的角度去改进自己，这种无疑等于自毁长城。

思想的转变——即刻建立平台的哲学思想

只能在硅谷的技术发烧友和早期追随者这些利基市场中艰难支撑的苹果尽管大力宣传 Mac 电脑等产品，但其经营状况仍不断恶化。此时，已经离开苹果、创办了皮克斯电影工作室的史蒂夫·乔布斯再度回归，他制定的战略决策及"数字中心"（digital hub）的构想让苹果得以重返平台巨头的地位。

如前所述，苹果是同时生产电脑硬件和操作系统的公司。在乔布斯回归以后，苹果依然坚持之前的政策，不接受兼容机，但是提供了在苹果电脑上运行其他操作系统的可能。苹果的 PowerPC 芯片已不再是唯一选择，公司开始生产内置英特尔中央处理器的苹果电脑。它还说服微软，将仅用于 PC 用途的 PowerPoint 等 Office 产品移植到 Mac 平台上投入市场。在最坏的情况下，宁愿放弃操作系统也不放弃硬件，苹果这种特有的固执引人注目。通过这种颠覆自身形象的大宗交易，苹果从微软那里获得了可观的资金支持，大大改善了经营状况。对用户来说，买了 Mac 机一旦不满意，可以直接换成 Windows 系统，归属成本显著降低；而对开发者来讲，用户购买量的增加必然带来开发程序销售的增加，这种良性循环建立了起来。

另一方面，在乔布斯的带领下，苹果又提出了"数字中心"的构想。也就是，将苹果电脑置于家庭中音乐、电影、文档及日常管理等所有内容的中心点。苹果以此为契机开始自主开发生活型软件。类似的概念虽然也被其他企业谈到，但像苹果这样贯彻始终地推进却不多见。

例如，苹果将 Mac 电脑定义为家庭及个人音乐的流通渠道，通过与移动音乐播放器 iPod 简单连接的方式提供音乐服务。其实，音乐服务本身是由 iTunes 提供，但要向不能上网的 iPod 传输音乐，必须经过电脑中转。一直到 iPhone 和 iPad 类产品问世的今天，这种流通结构仍没有改变。

如果说存在变化的话，那就是以前 iTunes 软件只能运行在 Mac 平台上，现在扩大到在 Windows 系列的 PC 上也可以使用。这暗示着苹果的一个重要决定，那就是它放弃以销售 Mac 电脑赢利的思路，转而通过 iPod 这类后 PC 移动设备的销售来获得收益。对苹果来说，iTunes 上的内容经营带有为销售 iPod 向消费者提供补助的性质。据调查，尽管苹果与唱片公司协商创办了第一个收费音乐服务，但苹果实际通过它赚取的收益并不多。如今，占北美数码音乐销量 70% 以上的苹果如果将 iPod 限定为只能与 Mac 电脑相连，即使 iPod 的销量有所降低，也可以相应地提高 Mac 电脑的销量。苹果之所以不那么做，就是因为位于 iTunes 这类内容服务和 iPod 这类移动消费电子产品中间的数字中心会受到两侧终端使用情况的影响，由此产生的网络价值不可估量。这也反映了苹果对移动消费电子产品无限可能的期待。

数字中心构想提出后，虽然 Mac 系列电脑产品并未真正发生变化，但 iTunes 服务和 iPod 类移动消费电子产品却快速发展。仅 iTunes 服务就从最初的音乐，拓展到后来的手机软件、电子书及视频出租服务，涉及面越来越广。而从 iPod 开始发展起来的移动消费电子产品也已经扩大到了 iPhone、iPad、Apple TV 等电脑以外的对象。尤其需要注意的是，这些服务和消费类电子产品并不是相互独立的，而是一种相互作用的共生关系，这一点可说是苹果平台战略的灵魂。

例如，苹果最初大肆宣传 iPod 时，消费者选择它主要是因为它拥有音乐储存量最大的 MP3 播放器和方便的 click wheel 界面。当时，iTunes 服务并不支持 iPod，但紧接着苹果就提供了把音乐方便地从 iTunes 传输到 iPod 中的方法，于是 iTunes 又成了消费者购买 iPod 的另一个重要原因。苹果把 iPhone 手机带入人们视野时，许多消费者为它本身具有的创新 Touch 界面、智能技术及漂亮外观倾倒的同时，还为它能像现有 iPod 那样完美支持与 iTunes 的联动而雀跃不已。iPhone 的这种性质稍不注意就会起到降低现有 iPod 销量的反作用，所以苹果致力于以较高的售价来集中吸引高于 iPod 购买能力的消费者群体。

当苹果发现 iPhone 的普及速度比预想的慢之后，立刻生产了 iPhone 3，并以消费者为中心改变了价格政策，即放弃来自移动通信商的销售利益，采用通过移动通信商向消费者给予更多补助金的方式促进销售。事实证明，苹果的这一思路非常有效。

此外，苹果还为消费者提供了购买 iPhone 的另一个理由，那就是手机市场的历史性事件——开放型软件市场 App Store 的出现。苹果建立的 App Store 鼓励开发者制作用于 iPhone 平台的应用程序，并在世界范围内销售，消费者可以以低廉的价格买到优质的软件。自此，苹果完全从移动通信商主导的内需型平台中解放出来，在移动领域展现出具有全球规模的平台企业所拥有的力量。

利用产品与服务间的相互牵引关系

刚开始生产 iPod 的时候，苹果为什么不在 iTunes 上出售音乐呢？又为什么不从 iPhone 上市起就开放 App Store 呢？这是因为今非昔比，苹果已经变成了擅于运用平台杠杆效应的企业。同时连接服务和消费类电子产品的方式固然有其好处，但也存在高风险的隐忧，在产品本身的销售中、在满足消费者需求的服务上、在制造互动的环节中可能会同时出现多个问题。在产品囤积不多的初期，对产品所衔接的服务的需求相对来说必然不足。可以说，苹果是以 iPod 带动 iTunes、以 iTunes 带动 iPod 的互动方式使服务与产品之间产生杠杆效应。

在当时的 MP3 播放器市场，盗版音乐共享的活动十分普遍，而且具有讽刺意味的是，MP3 播放器市场的规模因此而扩大。在这一过程中，以 Napster 为首的提供盗版音乐共享渠道的 P2P 市场一方面内部的竞争十分激烈，另一方面又受到外部版权保护的打击。在双重压力下，许多软件公司被迫停业。

iTunes 的重大举措是获得了唱片公司对互联网音乐销售的授权。当时正是唱片公司联合起来对付盗版音乐共享网站 Napster、逼迫它关闭的时节，人们普遍认为互联网音乐销售会像盗版等问题一样对唱片公司造成威胁，而唱片公司也并不认为习惯了盗版的消费者会去购买正版音乐。所以，当时人们大多抱有"消费者尚未从盗版音乐下载的美梦中醒来，唱片公司不适合互联网音乐销售"的偏见。因此，当时的情形与其说是苹果用收费音乐销售来吸引消费者，不如说是用 iPod 的销售成绩来说服唱片公司。

虽然都使用 iTunes，但 iPod 和 iPhone 在内部结构上是两个完全不同的东西，就像音乐磁带和电脑的差距一样。假如当初苹果自 iPhone 上市起就开放 App Store，iPhone 的应用开发商就不会很多。因为基于双边市场的特性，开发商只有在 iPhone 已经卖出去很多、拥有了相当数量的消费者之后，才会考虑要不要为 iPhone 开发程序的问题。所以，iPhone 在市场中普及到一定程度后，苹果才开始着手准备使用与 iPod、Touch 相同平台的生产线，并开始经营 AppStore，这些事件都不是随意的。

服务与产品相互牵引的关系继续体现在以后的产品 iPhone 4、iPad 等上面。不同的是在 iPod、iPhone 和 iTunes 用户数超过 1 亿的情况下，苹果推出产品与服务的进程比以前快了许多，大可同步上市了。

以内容界定产品内涵 (meaning)

像上文所说的那样，苹果将产品与服务（或内容）结合起来提供给消费者，给人们带来了足以与只从事产品销售或服务运营的企业相抗衡的全新的用户体验，有人认为对用户体验的控制能力是苹果最大的强项。这句话基本正确，不过苹果擅长的并不仅仅是控制用户体验，在将产品所具有的内涵以内容为中心进行信息化方面，苹果也有很强的优势。

众所周知，iPod 是一个 MP3 音乐播放器，可是 iPhone 呢？在初期，它只不过是一部模仿了 iPod 的设计、可以在屏幕上观看视频的手机，后来游戏才逐渐成为 iPhone 的核心内容。据乔布斯介绍，iPhone 系列产品的游戏甚至比任天堂和索尼的还多。iPhone 独创的识别重力和加速度的传感器也是适合游戏的绝佳功能。

此外，iPhone 还完全遵照了游戏机市场的惯例，即向消费者低价出售产品，再向开发者收取游戏出版附加费来获得利润。游戏机行业一般都是以游戏机制造商给予的价格出售游戏机，一旦规模经济形成，再找游戏开发者协商。而苹果选择的是通过移动通信商把补助提供给消费者，再从开发者那里获得一定的收益，这种经营模型效果颇佳。在 iPhone 上市之初，苹果就动员游戏开发商向市场投放游戏，这是经典的开发商利用模式。

那么后来上市的 iPad 呢？一提起 iPad，人们就想起电子书。苹果没有单纯地把 iPad 做成放大版的 iPhone，而是把它定位成用于其他用途的家庭媒体消费电子产品。可以在更大的屏幕上观赏视频固然是好，可 iPad 还无法和家用电视、在线视频服务 YouTube 或 Netflix 等直接竞争。苹果还需要一些其他的灵感来凸显 iPad 的特性。此时，亚马逊出产的电子书阅读器 Kindle 大获成功，这引导苹果把目光投向了电子书市场。设立了在线电子书商店 Book Store 之后，苹果关心的不是别的，而是如何把报纸、杂志等以街边报刊亭销售为主的媒体也吸引过来。如果相关协商得以妥善解决，那么纸质报纸从路边消失这一天也就为时不远了。

苹果公司推出名为"iTunes Movie Rentals"的在线电影租赁服务。通过该服务，Apple TV 不需要 PC 就可以在线租赁电影，所以 Apple TV 毫无疑问地会发展成韩国 IP TV 的形式。不过在该领域中，由于目前 Apple TV 的替代品——有线电视公司的机顶盒、支持在线视频的 DVD 播放机以及 Xbox 这类游戏机等优先形成了一个廉价市场，Apple TV 这类产品的销售收益性并不高。因此，用于 HD TV 的高画质在线视频租赁服务的差别化战略就显得很有效，将来会对通过 Apple TV 或遥控 iPhone 和 iPad 等设备显示的内容起到辅助作用。实际上，苹果开发的 AirPlay 技术就是用于这一项目的。

苹果之所以将以上产品与其内容相结合、重新赋予内涵，还有另一个目的，那就是尽可能地把相似产品之间相互侵蚀销量的"自相蚕食"（cannibalization）作用降到最低。假如 iPhone 不过是在只能听音乐的 iPod 基础上附加了手机功能，而 iPad 也只是屏幕大了 4 倍的 iPhone，就不可能出现今天这样所有产品同时畅销市场的好运了。虽然外观差不多，但由于摄像头等组件选择的差异、价格补助的差异以及由内容界定的内涵上的决定性差异等的存在，同时购买了 iPod、iPhone 和 iPad 的用户也大有人在。

使硬件与用户体验直接相连

苹果从微观的角度让包括附件在内的硬件与用户体验直接相连，这和宏观上将产品与内容结合的理念一致。乔布斯曾多次强调苹果重视用户体验多于硬件本身的哲学理念，即产品是否拥有最新版摄影头或者灵敏度高的加速度仪等组件并不重要，重要的是消费者运用它们实际能够做到什么。比如，在 iPhone 上加装前置摄像头是从 iPhone 4 开始的。前置摄像头这个附件早在三四年前的廉价手机上就已经出现，苹果当时并不是因为价格或技术问题没有采用，而是只能用于自拍的低画质前置摄像头没有使用的必要。但随着 iPhone 4 引进用户间免费视频通话服务 FaceTime，前置摄像头也就有了装在了机身上的迫切需求。

类似的例子还能找到更多。比如，实现机器间近距离一对一通信的蓝牙技术在 iPhone 上市之初就存在了，但蓝牙真正被大量使用是从 iPhone 对以蓝牙连接的联机游戏等提供支持时开始的。

iPad 采用的中央演算处理装置 A4 芯片拥有强大的处理能力，然而以电子书为主要内容的 iPad 为什么需要如此强大的性能呢？是为了实现高画质视频处理和高速的 3D 游戏运行。事实上，最初苹果在宣传 iPad 时，就强调了它在电子书以外的视频和游戏性能方面的功能提升。

将成功的便携式操作系统移植到电脑系列产品中

苹果在 iPhone 上市后创下的辉煌成就之一就是让 iPod、iPod touch、iPhone 和 iPad 成功地沿用了运行于同一个平台上的 iOS 系统。后面我们还会谈到谷歌的安卓操作系统，苹果在这里的成功正体现了它在用创新成果吸引和维系现有客户方面的重要能力。

目前值得瞩目的是，苹果在一个平台上成功地统合了便携式消费电子产品后，又更进一步地把它移植到了传统的 Mac 系列电脑产品上。

MacBook Air 具有现行 MacBook 系列产品和 iPad 的中间特性，在类别上属于上网本类低价笔记本。MacBook Air 与 MacBook 相比虽然在性能和屏幕尺寸等方面略微不及，但它却瞄准了熟悉 iPhone、iPad 界面的用户。为了延续手触式屏幕界面，苹果在 MacBook Air 的键盘附近设置了触摸屏。虽然 MacBook Air 充其量只不过是一个屏幕更小、体积更轻薄、价格接近二手机的笔记本，但和它一起推出的另外两项产品却格外引人关注。一项是 iPhone、iPad 等的 iOS 操作系统与 Mac 电脑的 OS X 操作系统的混血品种——Lion，另一项是可以购买 Mac 电脑专用软件的 Mac App Store。

新的 Lion 操作系统之所以具有重要意义，就是因为它在现行 Mac 系列电脑产品的基础上，融合了 iPhone 等移动终端操作系统的优势。为移动终端设计的操作系统具有传统电脑所没有的优点：开机时间非常短，支持低电量启动，提供触控式创新型用户界面等。Lion 系统统合用户体验，让用户可以在 Mac 电脑上使用熟悉的 iPhone 界面。

另一项是，苹果单独设置了有别于现有 iPhone App Store 的 Mac App Store，将 iPhone 的成功公式原封不动地移植到 Mac 电脑上。Mac App Store 独立运营，且发展势头良好，苹果致力于引导 iPhone 应用开发者社区开展 Mac 应用的开发。已经开发了超过 30 万个应用程序的社区力量是无比强大的，为了提高 Mac 系列电脑产品的市场占有率，苹果没有理由不利用这个资源。

不过，Mac App Store 也不一定要采取与 iPhone App Store 完全一致的运营方式。理由是这可能会导致与既有开放式应用程序流通方式的冲突，且已经参加了 iPhone 等开发项目的人再想加入 Mac 开发项目就有可能需要缴纳额外费用。

在流通方式方面，过去销售 Mac 用软件的主要渠道是零售商以及在开发商主页上付费下载。iPhone 从一开始就彻底采用以 App Store 为中心的流通控制方式，Mac 电脑却无法做到这一点，因而可能出现与原 Mac 用软件零售渠道产生摩擦的问题。

在开发者方面，假如情况如苹果希望的那样，开发者社区热诚地接受了 Mac 应用的开发邀请，那么微软就不得不紧张了。在 Wintel 阵营与苹果的平台战争中，微软的制胜公式现在掌握在了苹果手里，只要有办法引导由 iPhone 创立的开发者社区开发 Mac 电脑应用程序，可以预见电脑市场的占有率一定会发生有意思的改变。

但目前苹果每年向 iPhone 开发项目的参与者收取 99 美元的项目费。倘若还要向 Mac 开发者额外收取项目费，就有可能引起开发者的不满——明明是为同一家公司制作软件，却要付双倍的费用。而且，和游戏机类似的 iPhone 系列与电脑产品 Mac 系列受不同的双边市场规则影响，电脑系列的程序开发者是应该获得补助的对象，所以像 iPhone 那样向 Mac 开发者收取项目费的模式究竟是否合适，是苹果需要仔细斟酌的问题。

我们来设想一下苹果在实施这项重要实验时可能犯的错误。假设它又犯了 20 世纪 80 年代的错误，即无视兼容性，不断地制作和以前的应用不兼容的程序，在生产 Lion 的时候，为了把软件流通体系一成 Mac App Store 而放弃了与现行 Mac 用软件的流通兼容，就很可能招致 Mac 开发者的反抗，而 iPhone 应用开发社区的相当一部分人都是过去 Mac 应用的开发者。

所以，在这个过程中如果不能很好地调节苹果与 Mac 开发者的利害关系，现有 iPhone 开发者社区就很可能连带受影响。但愿在平台游戏中总是后劲不足的苹果别再犯同样的失误了。

实施核心平台的内化战略

前面我们已经谈到，平台企业允许其他人在自己产品的基础上制造另一个不同的产品。不过有时候，平台企业也会自己推出第三方产品的替代物，甚至宣布免费——尽管这会遭到第三方企业的反抗。这是为什么呢？我们要分两种情况讨论。第一种是，当第三方企业利用平台进行创新的速度没有预想的快时，平台企业可以自行设定重要的创新方向；第二种是，当第三方创新对平台的发展比较重要时，企业可以将第三方创新内化为自己的一部分。

这两种方式都适用于苹果，而且也是苹果决定自主开发社交游戏平台和广告平台的原因。比如，提供 GameLoft 和 Ngmoco 等社交游戏平台的公司以及 Admob 这种手机广告代理公司，虽然也重视苹果的 iOS 系统，但为了实现收益的最大化，他们有可能会进一步支持谷歌的安卓系统等其他竞争公司的平台，即努力把自己变成一个跨平台企业。在这些企业的平台进一步扩大之前，苹果公司要直接建设相应的平台，与竞争公司拉开距离，这对苹果来说是有必要的。

估计苹果会推出支持近距离通信服务（near field communication, NFC）的平台。如果苹果将 NFC 技术运用于 iPhone，就能实现相当有趣的应用。比如，在街头海报中载入相关芯片，人们只要拿着 iPhone 就能轻松获取与海报有关的演出信息或促销信息，还可即时下载优惠券。另外，现在广泛使用的公交卡也可以使用 iPhone 来充值。当然，这涉及社会基础建设，不同国家的情形会有所不同。

苹果瞄准的最重要的使用方式是手机支付。它已经通过 iTunes 获取了 1 亿以上全球会员的信用卡信息。就目前来讲，这种支付还只用于在 App Store 中购买音乐、应用、电子书和电影等，但得力于近距离通信技术的出现，将来有可能建立起在实体商店中通过 iPhone 进行支付的系统。通过手机支付，苹果可以获得用户购买行为所反映的市场信息、平台使用费以及支付手续费等，因为在与信用卡公司协商支付手续费的过程中，拥有 1 亿以上会员的支付系统让苹果公司处在一个十分有利的位置。

有窗口，就有苹果的平台

就像谷歌从广告、微软从操作系统和 Office 软件的销售中获取大部分收益一样，苹果从 iPhone、iPad、iPod 和 Mac 电脑产品的销售中获取 70% 以上的收益。在这些产品中，2010 年初问世的 iPad 不到 3 个月就赶超了 iPod 8 年以来的销售额，达到了 Mac 电脑 23 年以来销售额的一半。而且和这两个庞然大物不同，iPad 还超越了自己的局限。也就是说，iPad 已经超越了计算机行业的局限，与传媒业紧密相连，并将这种联系和固有的平台当做杠杆，成功成为跨向后个人电脑时代的 iPhone 类智能电子产品市场的领跑者。商品销售是亚马逊这类公司的主要收益来源，但令人惊讶的是，虽然苹果公司在数码唱片、电子书和手机应用的销售上对亚马逊构成威胁，但硬件销售才是其收益的主要部分。

苹果在制造了 MP3 播放器 iPod、个人媒体播放器 iPod Touch、移动电话 iPhone、平板电脑 iPad 和 Apple TV 这些产品之后，还会再玩什么新花样？关于这一点，我们可以体会一下史蒂夫·乔布斯说过的一句话："这是诸位软件和媒体的窗户……反映内容的窗户。而我们的窗户是地球上最好的。"

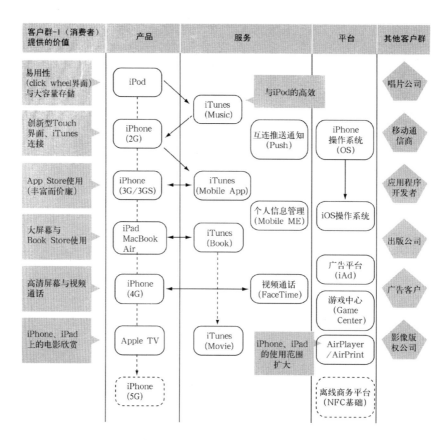

图3-1 苹果的产品、服务及平台的上市流程概览

这是乔布斯在介绍用于 iPhone 4 的比普通屏幕清晰 4 倍以上的视网膜显示器时说的话。也许将来，根据苹果公司"怪胎们"的想象制造出的"反映内容的窗户"会无处不在——汽车、镜子、眼镜、电子纸，或许还有真的窗户。

谷歌——构筑超越政府的经济数据王国

到目前为止,看待谷歌的视角主要有以网络竞争力取胜的企业、以广告收益为经营模型的企业、提供免费服务的市场破坏性企业、重组报纸和广播等传媒市场的企业等。有人把它看作在开放型哲学基础上追求开放型经营的企业;也有人根据其吸收世界上的一切信息、融合自动翻译和语音识别等技术,将其视为以探索人工智能为终极目标的危险企业。

看待谷歌的视角如此多样,是因为它涉足的经营领域十分广阔;它追求以广告收益为基础的破坏性经营;在拥有善良的企业形象的同时,它又毫不掩饰内心强烈的成长欲望。谷歌拥有四个最重要的平台,搜索广告、地图、视频和手机。下面我们就来研究一下谷歌所采用的平台策略,梳理它在以上四大平台领域中采取的各种措施。

拥有最强大的广告平台

谷歌是公认的拥有最强大广告平台的企业。世界上的任何一家企业只要注册为谷歌的广告客户,购买特定的关键词,就可在用户搜索这些关键词的时候,投放广告。谷歌最初并没有把广告当做最主要的收益来源,其创始人的个性决定了谷歌彻底的技术中心型文化。众所周知,按照论文里的参考算法设计出的搜索引擎具有卓越的准确性,谷歌的创始人从中发现了商机,于是谷歌就诞生了。在掌握了优秀的搜索引擎之后,谷歌的初期创业者们致力于将之与更多的电脑服务器相连,把网络上不计其数的网页加工(indexing)成搜索引擎可以理解的形态。但当时他们并没有找到收益模式。

消费者对谷歌搜索的精确度大加赞赏，人们纷纷开始使用谷歌搜索，谷歌也因此有了更多的服务器诉求。网络不断地延伸，谷歌的用户越来越多，只有创造收益才有可能投资更多的设备，谷歌不得不考虑收益问题，并找到了自己的"金色池塘"——搜索广告。搜索盈利模式原本是创办Overture广告公司（当时的GoTo.com）、目前经营着Idealab的比尔·格罗斯的杰作。谷歌通过和比尔·格罗斯协商，获得了使用该广告模型的权利，并在此基础上不断完善，首创了在谷歌之外的网站上也可自动显示广告的"广告联盟"（AdSense），这一服务被人们誉为中小企业在线广告的鼻祖。中小企业没有多余资金在报纸或电视等媒体上投放广告，但只需把它提交给谷歌，不仅谷歌网站，互联网上数不清的广告联盟加盟网站都会显示该广告，而且企业是根据用户点击广告的实际次数缴纳广告费，这就成为一种符合中小企业需求的合理的广告方式。

谷歌还尝试将广告媒体从互联网进一步延伸到报纸和广播领域。虽然目前成果还不明显，但谷歌总是在为中小企业和小商贩提供广告平台的同时积极寻找机遇。总的来说，谷歌主要的收益来源是广告服务，这一点在根本上和以硬件销售为主的苹果不同。当然，苹果的iTunes服务也非常成功，但到目前为止，它辅助产品营销的性质更强一些。

为确保广告牌的市场竞争

广告在谷歌收益中的比重近99%，并且大部分都来自用户登录谷歌网站后直接显示的广告。谷歌在北美地区网络搜索广告市场的占有率为65%，已经形成寡头垄断，仅有的竞争对手微软和雅虎正在联手合作，试图提高一丁点哪怕是名义上的搜索市场占有率。已经垄断了市场的谷歌为了实现持续增长，制定了一系列方案，这些方案主要集中在培育市场方面。

第一种方案是，在网络搜索广告市场快速成长的情况下，谷歌只需保持现有市场占有率，就可实现自身的发展，这是谷歌最希望的选择；第二个方案是，保障在谷歌以外的网站上登载广告的广告牌服务，这既可通过合作的方式实现，也可由谷歌直接制作出客户喜欢的服务；第三个方案是，在互联网以外寻找可刊载广告的替代渠道，最近谷歌花费力气开发手机和电视广告就是这种替代渠道的例子。

下面一个一个地分析。当网络搜索广告市场的增长率不及预期时，第一种方案就会出现问题。虽然用户的上网时间比以前长了，但刊载在电视、报纸或广播等媒体上的广告不可能在短时间内全部延伸到互联网。此外，还有一些外部因素压低了广告的价格，其代表就是 Facebook。Facebook 的用户数虽然少一些，但在使用量上已经超越了谷歌。Facebook 在确保广告以外的多样化收益模型后，故意将广告的手续费单价设得很低，以此来吸引广告客户。

在第二种方案中，谷歌为确保自己的广告牌数量与用户众多的 MySpace 类网站展开通力合作，这些网站基本上只需签署显示谷歌搜索引擎及广告的年度协议就可使用谷歌的搜索。谷歌还通过免费提供 10G 空间的网络邮件服务 Gmail 和拥有在线 Excel、Word 等功能的谷歌文档等增加用户数，并在用户使用相应服务时尽可能地显示广告。谷歌收购 YouTube 其实也是这种战略中的一环，最初用户上传的视频和客户的广告匹配度出现问题，所以广告效果不佳。不过现在，一方面来自企业的高清视频正在进入 YouTube，另一方面谷歌也研发出视频播放时有效提取关键字进行广告显示的方法，YouTube 的收益有所提升。

那么第三种方案，即在互联网广告之外寻找替代渠道方面，谷歌又是怎么做的呢？谷歌曾把目光投向了传统媒体企业林立的报纸和广播市场，相继兼并了相关的几家公司，为中小企业在报纸和广播上刊登广告提供服务，可是并没有出现明显的变化，成效不及预期。

现在，谷歌转而在手机这个渠道上下工夫。继苹果的 iPhone 之后，谷歌带着免费的安卓系统跻身到智能手机市场中来。为什么谷歌要特意制作一个操作系统，而不是简单地把网络搜索服务转换到手机上呢？况且，在投入大笔研发经费之后，使用免费形式并不能马上回本创收。其实，早在安卓系统上市前，谷歌就非常关注手机这个替代渠道。从它与韩国SK Telecom等公司的合作就可以看出，谷歌采取的是向移动通信商提供搜索功能、分享手机广告收益的方式，因为移动通信商决定着手机中安装的搜索引擎。谷歌允许移动通信商和制造商免费使用操作系统，以此来交换谷歌作为手机的基本搜索引擎。尽管这不是一个强制条款，但预装其他公司搜索引擎的手机制造商或移动通信商显然在很多方面吃了亏。也许是不把他们列为谷歌手机的缘故，谷歌对那些预装其他搜索引擎的企业提供的技术支持优先度会大大降低，那些企业也就难以与谷歌分享手机广告收益。

移动通信商对智能手机操作系统的控制力一旦弱化，从长期上讲，提供操作系统的企业就会变得重要。电视就是因为本身强大的影响力成了张贴广告的好地方。了解Google TV的人都知道它实际上是一个操作系统，只不过是结合了一些电视所独具的优点，谷歌支持的对象只是从移动通信商和手机制造商变成了有线网络公司和电视机制造商罢了。索尼正在开发使用谷歌电视技术的新产品，对完美结合YouTube、网络搜索和电视的Google TV显示出越来越大的兴趣。

积累和运用空间信息

谷歌公司有一个80/20的工作原则，即工作时间的80%用于公司指派的任务，其余20%则用于个人喜欢的项目。谷歌地图就诞生于这种20%的个人项目中。谷歌购买了全世界的街道地图和卫星照片，将它们有机地整合在一起，为用户提供在线地图服务。有人将谷歌地图视为Mash-up服务的开端。所谓Mash-up服务就是企业利用对外开放的服务接口制作的另一种附加服务,简单地说,就是把不同种类的服务像烤排骨①一样先分解、再重新整合做成的服务。

开发者利用谷歌地图制作出许多地图相关的服务。譬如,在地图上显示待售房产、标示和记录旅行路线、上传用户对周边商店的评论、查看人们登录 Twitter 时的所在位置等。谷歌不仅能显示大陆地图,还能显示海底信息和宇宙天体信息,用途非常广泛。对于这种过去只有发达国家政府或国际地质协会等团体才会感兴趣并进行大规模投资的地图服务,谷歌为什么那么热心呢?

因为这不是网络世界的虚拟信息,而是现实生活中的真实信息。谷歌在用户输入的关键词或者站长设定的标签的基础上显示广告,在显示从网络上提取来的相关内容时也会附带广告,而且前面我们已经谈到,谷歌正在致力于对新的广告牌和替代渠道的发掘。谷歌在向用户显示地区广告的同时,需要相关的内容信息。那么提供海底和天体信息又是怎么回事呢?海底好像不需要登地区广告。对此,我们从谷歌地图本身就扮演着一个广告牌角色这一点上去理解,问题就简单了——因为只要在谷歌地图的任何一种服务中打开地图,相应区域就会自动插入谷歌的广告。

围绕这个需要持续大规模投资的地图服务,谷歌一直在野心勃勃地经营着几个项目,首当其冲的就是引发隐私保护之争的谷歌街景视图。谷歌不满足于单纯的地图信息,还出动在前后左右装有多架相机的专用汽车去拍摄机动车道视角的全景相片,放在网络地图上。真不愧是谷歌的奇思妙想。韩国也有像谷歌街景视图那样将部分街道拍成全景相片的服务,但问题的是他们能否像谷歌那样以全世界为对象开展服务,能否在没有特定收益模型的状况下继续投资。而谷歌因为存在地区广告和广告牌这两种商机,

---

① 一种韩国料理,将排骨肉单独剥下剁碎,码上调料后再和骨头一起烤制而成。

能够持续进行这项投资。

谷歌纵横（Google Latitude）也是地图的相关服务之一。这是一项让好友之间可以分享位置信息的服务，并且具有好友在附近时的通知功能。其实谷歌纵横并不是很复杂的服务，但却包含了谷歌以地图和位置为基础提供社交网络服务的意图。除此之外，有关谷歌地图最引人注目的项目就是面向安卓手机用户的免费导航。Turn-By-Turn技术就是一种指示用户到达输入的目的地的技术。如果没有道路及信号系统的详细信息作为基础支持，这项技术就不可能被应用。全世界能够支持Turn-By-Turn导航的企业恐怕只有NavTeq和Atlas这类公司，他们分别被全球最大的手机制造商诺基亚和导航设备制造商TomTom所收购。谷歌最初也同这些公司签约，合作开展地图服务，但最终只有Atlas同意了基于Turn-By-Turn导航的变更条款，而且这一合作也在2009年底终止，因为如果谷歌直接提供免费的导航软件，将导致现有导航服务和地图服务制作公司的收益结构恶化。

谷歌安卓手机用户的免费导航服务已经上线了。只要把智能手机放在车上，指定目的地，屏幕上就会显示抵达目的地的行车路线，并根据谷歌街景视图显示该路线上真实的图景。

从个人媒体到大众媒体

谷歌收购的YouTube现在已经逐步确立了它的媒体功能。用户上传的视频全面地传播了报纸和广播记者们无法提供的实时信息。YouTube在汇聚人们对全球政治事件或选举的关注以及大众文化传播等方面发挥着惊人的作用。当年谷歌收购YouTube时，硅谷对Web 2.0企业的投资已经成熟，谷歌虽然以高价购得YouTube，却在相当长一段时间内无法赢利，一时间有人认为这是一项失败的投资。尽管到目前为止，还很难说谷歌从YouTube上得到了预期的收益，但是随着视频服务需求的快速增长，YouTube的经营状况确实在不断改善。

据 ComScore 调查统计，2011 年 10 月 YouTube 的视频点击增长率同比增长了 43%，代表着视频播放次数的视频点击率仅十月份就超过了 200 亿次，占全美当月在线视频播放总量的 49.1%。

以视频短片见长的 YouTube 必然导致很高的点击率。不过由于广告市场的利害冲突以及 YouTube 视频的版权等问题，YouTube 一直是媒体企业的一块心病。2007 年，版权所有者 NBC 环球和新闻集团等公司出资设立了 Hulu 视频服务，提供有别于 YouTube 视频短片的电影和电视剧等高清视频。这些拥有高清视频的企业联合体展开独特的开放式平台战略，成为 YouTube 的一个强大竞争对手。由于高清视频数量多，虽然视频点击率有所不及，但在销售额方面反而压倒了 YouTube。

那么，YouTube 的最终发展方向是什么呢？首先实现通过广告创收，但最终目标却是成为全世界最大的广播电台，或者准确地说，成为电视、电影等传统媒体的中介。YouTube 有一个"频道"的概念，即允许各种团体、电视台或出版社等制作自己的频道、上传相关视频内容，并为订阅频道的人提供自动更新通知。由于 YouTube 拥有全世界最大的观众群体，新闻和出版方面的企业对此表现出强烈的兴趣。尽管制作电影、电视剧的企业和 YouTube 关系紧张，但他们也明白，使用 YouTube 为作品进行宣传和营销是非常有利的。

根据瑞士银行 2009 年的调查，尽管提供视频的单位成本理论上接近于零，但 YouTube 的整体网络管理成本却超过了 4000 亿韩元[①]，而且如果要对广告不多的普通用户视频追加高清内容的授权，还需要 3000 亿韩元[②] 以上的投资。即 YouTube 如果想保持收支平衡，即便不考虑人工费

---

① 约合人民币 21.94 亿元。
② 约合人民币 16.45 亿元。

等其他成本，也必须产生7000亿韩元①以上的收益。

尽管谷歌能否通过YouTube创收目前还是个未知数，但倘若谷歌能够如愿以偿地成为"电视台中的电视台"，那么通过网络获得的价值就会超乎想象。现行电视广告内容和单价的决策者是电视台，如果能将这些电视台以网络形式联合在一起，在YouTube上提供服务，到时候YouTube广告决策权的强大就不言而喻了。

试做手机领域的另一个微软

当谷歌把安卓这个名字带到人们视野中时，苹果iPhone的营销推广正进行得如火如荼，直到6个月后，安装安卓操作系统的手机才真正上市。谷歌选择运营操作系统的原因，在前文我们也提到过，是谷歌相信手机是一个用来内嵌广告的绝佳渠道，为了与移动通信商和制造商进行交易，谷歌需要树立一个操作系统开发商的形象。

操作系统的开发无比复杂，必须将安装该操作系统的硬件制造商、开发者和消费者等统合起来，组成一个健全的商业生态系统。这对苹果那种自主研发操作系统的公司来说相对简单，因为它不需要同外部电脑制造商建立紧密的纽带关系。操作系统的成功运营者微软就一直系统地管理着与英特尔的强力合作、对解决方案合作伙伴及开发者的系统支持、同戴尔和惠普等电脑制造商的友好关系等许多的商业变量。

谷歌为安卓操作系统选择的基本推广战略有三个。第一个是，给予参与者几乎免费的优待。谷歌允许移动通信商和制造商使用自己的操作系统，并且不收取使用费。考虑到操作系统的维护和更新费用惊人，不得不说这是一个打破常规的大胆举措，更何况谷歌还更进一步地同主要企业分享手机广告收益的红利。第二个是，开放操作系统的源代码，允许移动通信商

---

① 约合人民币38.40亿元。

和制造商根据自己的用途使用和修改。这个举动打消了在谷歌宣布免费提供安卓系统之初怀疑谷歌用意的企业的疑虑，因为即使在使用安卓系统的过程中终止与谷歌的合作，由于拥有源代码，企业自己也能独立支持现有客户。第三个是，在安卓操作系统中内置谷歌地图或 YouTube 等谷歌的热门服务。尽管通信公司为了对抗苹果的 iPhone 都不约而同地在智能手机中预装了自己的服务，但一个完美衔接谷歌热门服务的操作系统无疑是受欢迎的，而且这基本不需要额外费用。围绕此项业务，谷歌还研发了只要用相机拍下照片就能自动显示相关搜索结果的 Goggles 以及语音搜索、自动翻译等技术，不遗余力地增加适合手机服务的投资组合。

就这样，谷歌为希望与苹果公司的 iPhone 相抗衡的制造商和移动通信商提供了以安卓手机为核心的手机运营平台，使得安卓操作系统成为现在成长速度最快的手机操作系统。

如前所述，谷歌虽然成功地吸引了移动通信等企业，但要利用这些资源使平台运营真正步上轨道还需要很多的条件。例如，为了吸引为安卓操作系统制作应用软件的开发者，谷歌选择了当时开发者使用最多的程序语言——Java。

这里面其实存在一些问题。Java 是 Sun Microsystems 开发的跨平台开发语言，特点是一经开发就可以使用在许多不同种类的机器上，这与谷歌安卓系统所标榜的理念不谋而合。在一般场合下使用 Java 并不需要授权，但像谷歌这种把 Java 技术深度融合在操作系统中的情况，就必须和 Sun（现在是收购了 Sun 的甲骨文公司）签订合同。可是这样一来就会增加成本，与谷歌免费提供安卓操作系统的战略不符，所以谷歌就设法取巧，它声称虽然开发语言是 Java，但运行 Java 的环境却由谷歌自己制作，和 Sun 提供的环境不同。Sun 当时并没有重视这个问题，不过收购 Sun 的甲骨文态度就截然不同，它要求收取 Java 的授权使用费。在周边势力对安卓手机的成功越来越警惕的当下，这种反击让谷歌丧失了主动权。

那么我们就来讲一讲谷歌目前运营手机平台要应对的市场特性。苹果采用的是向游戏开发商收取发行费、低价出售 iPhone 等电子产品（实际上它从移动通信商那里获得补助，照常赢利）这种类似游戏机贸易的形式。所谓游戏机贸易，就是对购买力不高的消费者给予补助，而从游戏销售中获得收益。

谷歌是怎么做的呢？谷歌不直接制作和销售手机，它不期待从这些环节中赢利；开发者制作的应用如果卖出，扣除约 20% 后的其余大部分都要重新返还给开发者，发行本身也没有什么利润。那么它采用的是微软制作操作系统的形式吗？微软采用的是向开发者免费提供开发工具、向消费者出售操作系统以获得收益的形式，补助都给了开发者，依托消费者对电脑的基本购买需求让消费者承担费用。谷歌不仅向开发者提供安卓操作系统的免费支持，也不让移动通信商这些消费者渠道承担费用，操作系统完全免费。

一句话，谷歌对移动通信商、制造商和开发者等不同客户群体都提供了补助。这种经营模型超乎寻常，它之所以可行就在于谷歌拥有世界第一的广告平台和广告客户网络，广告客户成了这些补助成本的最终承担者。

探寻网络平台和手机平台并行发展的方向

在众多的网络平台中，谷歌以拥有世界公认第一的技术力量为傲，它也一直不断地通过全球不计其数的服务器对网络上海量的信息进行搜集和加工，以确保自己的这种地位，这当中包括前面提到的从谷歌地图等服务中获得的空间信息。谷歌还是拥有世界上首屈一指的用户拥有 10G 空间的网络邮件 Gmail 的运营商。

在 iPhone 出现以前，谷歌最大的竞争对手是微软。谷歌制作了有文字处理器和电子表格功能的免费文档，虽然赶不上微软的王牌产品 Office 的水平，但也因此激化了与微软的矛盾。谷歌的终极目标到底是什么？这成了当时的热点话题，因为假如最大的"信息发电厂"谷歌与和它不相上下的网上商城亚马逊合并，过多地积累普通民众的信息，结果可能会很危险，甚至人说它将成为未来的人工智能。考虑到谷歌拥有全世界各国语言的自动翻译和语音识别等技术，上述这些观点不能被视为偏狭。

近来，受发展态势不亚于网络的手机等替代渠道的吸引，谷歌在网络上的关注程度不如以前。不过，谷歌向手机领域的扩张基本是对参与者提供空前的补助，以便把自己在网络上的竞争力延伸到手机上，这不能简单地看做是经营一块陌生的处女地。

谷歌还不断地表现出对基于网络的操作系统的兴趣，这也是微软警惕谷歌的原因之一。几年前开始研发的网络操作系统 Chrome OS 就是这种意志的体现。Chrome OS 适用于上网本这类低配置电脑，只需有网络连接就可以运行，但截至目前尚未完全公开其真实面目。过去也有一些企业进行过类似的尝试，均以失败告终，所以关于此次谷歌的尝试能否获得成功，人们还是半信半疑。

不过，受谷歌影响，现在主要的服务运营商也都在积极地对第三方开发者开放自己的服务接口，网络正在变得越来越操作系统化。如，Facebook 就把自己 8 亿多的会员资料和好友关系等应用在各式各样的外部服务上，有人把它视为社交网络基础上的操作系统，称它为"Social OS"。

目前谷歌分别运营着网络平台的操作系统 Chrome OS 和手机平台的操作系统安卓，有分析猜测，说不定到了某个时候谷歌会把两者合二为一。虽然，谷歌已经在这两个操作系统上倾注了大笔投资，而且两者各有用途，要抛弃其中任何一个似乎都不太容易。不过，这种推测不无可能，也许真的会出现一个安装谷歌网络操作系统的真正的"安卓"——智能机器人。对谷歌来说，要制造一个利用网络更新人工智能、运筹帷幄之中而决胜千里之外的机器人，大概也不是绝无可能吧。

微软——没落PC王国中健在的帝王

在个人电脑初期市场中占据一席之地并一直发挥着重大市场影响力的微软，现在已经成了一个实力强大的巨型企业。微软与英特尔联合组成Wintel阵营，在过去半个世纪里占据无可动摇的市场支配地位，虽然有运气的成分，但主要还是微软制定了恰当的战略。在目前的市场中，使用Windows操作系统的电脑接近90%，所以微软仍拥有不可忽视的垄断实力，经常成为各行各业提及企业独霸市场时的话柄。

另一方面，由于微软在智能手机市场的不振，外界开始怀疑微软是否已远离了移动成长动力的中心，于是，微软带着手机操作系统重出江湖，准备正式反击来自苹果和谷歌的挑战。

以操作系统为中心重组个人电脑市场

微软在创业初期由于为编程语言BASIC制作了解码器而引起广泛关注。当时的IBM一边准备着PC的制造，一边和使用CP/M操作系统的迪吉多（Digital Research）谈判，结果却未能协商一致，于是IBM寄希望于微软操作系统的研发。微软从西雅图电脑公司买断了模仿CP/M操作系统的86-DOS产品的授权，之后用Basic语言将其加工为MS-DOS交给IBM，IBM又把名称改为PC-DOS，配置在自家的电脑产品上。

看到这里，我们会觉得微软不过是一家手腕娴熟的软件流通公司。可是微软在交货后并没有把MS-DOS的相关授权转让给IBM，即保留了在IBM以外的任何地方使用MS-DOS操作系统的权利。

将易于操作的BASIC语言植入自家电脑是当时个人电脑市场的一个

重要趋势。而微软控制着 BASIC 语言的许可权，并且从创业初期开始微软就从不与企业签订完整授权的发放。甚至注定要成为微软竞争对手的苹果也是从微软那里购买了 BASIC 语言的许可，稍加修改后用在了自己的产品上。

这当中还有一段轶事。当时市场上苹果电脑的仿制品 Laser 128 因为技术复杂性和法律问题，没有复制储存在 ROM 当中的 BASIC 语言处理部分，它从微软处购得了 BASIC 语言处理器的许可，制作了一个和苹果几乎一模一样的语言处理器用在自家的 PC 上。据说这个产品和苹果产品的兼容性高达 99.8%，评测时主要软件中只有 2 个无法正常运行。IBM 之所以知道微软并与之取得联系也是因为 BASIC 语言，它必须依赖微软制作装载在新的 PC 产品 ROM 上的 BASIC 语言处理器。

随着越来越多的企业开始生产 IBM 产品的兼容机，对操作系统的许可权成了微软收获大笔财富的契机，微软逐步积累起了大笔资金。除了不与 IBM 签订垄断性协议这个明智决定以外，微软还有两个制胜法宝。第一个是在 BASIC 语言处理器方面，微软当时居垄断地位。由于操作系统刚刚进入市场，系统程序的开发者社区规模还不大，而且以当时的价格购买昂贵 PC 的人在需要时甚至会自给自足，亲手编写简单的程序。在当时程序供应严重不足的个人电脑市场中，BASIC 语言大大提高了电脑的使用程度。尽管更加复杂和重要的程序必须用更高级的计算机语言制作，但使用 BASIC 语言进行简单编程这种市场需求一直存在。

因此，配置 BASIC 语言就成了兼容性上的一个重要前提，可以说，拥有这项权利的微软早在操作系统之前就为自己积累了一定力量。比方说，如果企业想在 IBM 兼容机上引进微软 MS-DOS 以外的操作系统，那么缔结 BASIC 语言许可协议方面就有可能吃亏。

微软成功的第二个原因，是借助 IBM 这家大型企业的市场营销，运行于操作系统 MS-DOS 上的各种程序被相继开发出来了。生产 PC 兼容机的企业在规模上远不及 IBM，其本身也是想搭乘由 IBM 建立起来的商业生态系统的便车。所以，为了驱动 MS-DOS 应用程序，这些企业就需要获得 MS-DOS 的授权许可，单纯仿制电脑硬件是没法在市场上卖出去的。就这样，随着 IBM PC 兼容市场的急速膨胀，市场逐渐演变成了 IBM 劳动、微软收获的局面，市场上的 IBM PC 兼容机被纷纷破解，竞争的加剧迫使 PC 兼容机价格下降，而 PC 卖得越多，操作系统的销售利润就越高。

IBM 决策的失误让微软在 DOS 市场找到了发展空间，悔之晚矣的 IBM 试图在使用鼠标操作的下一代图形界面操作系统上重拾往日雄风，研发 OS/2 产品。这个产品虽然借鉴了当时苹果发明的 Mac 图形界面，但设计理念更加适合企业用途。无奈对 PC 操作系统开发经验不足的 IBM 又犯了第二个致命的错误——和微软共同研发 OS/2。后来，微软抢先上市了独立研发的 Windows 操作系统。当时的 Windows 系统只不过在 DOS 上加装了图形界面，和现有 DOS 相比基本没有什么改进，但微软仍迅速把它投入市场。

Windows 上市后，业界的挑剔目光令微软如芒刺在背，几经考虑，微软决定继续和 IBM 合作开发面向企业用途的操作系统。但随后，微软又单独开发了企业用的 Windows NT，正式结束与 IBM 共同研发操作系统的道路。IBM 虽然想挽回与微软协定中的失误、重树自己在个人电脑市场的领导力，无奈市场已经以操作系统为中心——更准确地说，是以微软为中心——运转起来了。

包容，扩张，解放

为了成为计算机行业的核心，微软不仅积极支援开发者社区建设，还与惠普、戴尔等主要电脑制造商及周边设备厂家展开合作。一旦有新版本的 Windows 系统上市，微软就会提前与主要合作伙伴及开发者社区共享相关内容，鼓励配套产品与操作系统同步上市。这可以说是以几个不同客户群为对象同时开展经营的双边市场的典型案例。

可是再怎么占据垄断地位，市场中总是会出现挑战者。微软对这些企业采取的基本战略是：先以包容的姿态吸收、改善对方提出的标准；充分利用操作系统的市场占有率优势制定实际的行业标准；最后利用对标准的控制权将竞争者赶出市场。这可不是小说里写的，而是曾对微软展开反垄断调查的美国调查团的总结。一直以来，令微软感到威胁的大部分挑战者来自网络，也就是那些把思维模式从传统的以电脑硬件为中心转移到互联网上来的企业。

从第一个网络浏览器 Mosaic 发展而来的网景公司就是其中之一。网景浏览器是当时人们用得最多的网络浏览器，微软因为低估了互联网带来的变化，没有及时采取应对措施。后来警觉到互联网扭转乾坤的大势之后，在比尔·盖茨的带领下，微软重新制定互联网战略。当时虽然提姆·伯纳斯－李提出了 Web 基本构架，但在实际应用的过程中，企业间的差异很大，没有统一的市场标准。尽管当时不屑于微软功能简陋的 Internet Explorer 1.0 的大有人在，但最终的结果却是网景将大部分市场占有率原封不动地移交给了微软。

一路高歌的网景公司迅速衰落的原因主要有二：第一是微软的攻击性对策，第二是网景内部经营模型的问题。首先来看微软是怎么反应的。众所周知，安装了 Windows 之后，IE 浏览器就已经内置在系统里了。这是网景浏览器启动之前人们见到的第一个网络浏览器，很多人会使用它。在帮助浏览器实现功能扩展的插件系统方面，网景采用了在 Windows 以外的操作系统上也能使用的 Java 技术，微软则使用了自己的 ActiveX 标准。对微软来说，Internet Explorer 浏览器自动捆绑在操作系统当中，ActiveX 则由现有的 Windows 开发者社区研发，这样一来，微软就充分地利用了自己的力量。微软还将 PowerPoint 等 Office 产品与自家浏览器完美衔接，让用户可以直接在浏览器上查看 Office 文件，这对提升相应产品的市场占有率也有帮助。不过，ActiveX 技术也存在根本上的安全问题，在设计之时无视 Window 以外的 Mac 等平台上的网络浏览器的特性，所以实际使用得并不多，而且之后也被其他标准的网络技术所取代。

　　导致网景衰落的第二个原因——经营模型问题又是什么呢？网景最初以免费形式发布浏览器，又相应地有偿出售用以构建主页的网络服务产品。这是一个向普通用户提供补助、从购买服务产品的企业那里得到收益的双边市场模型。但关键问题是服务产品与浏览器的关联性不强，即便企业使用了网景的浏览器，购买网景服务的积极网络效应还是很小。而同时，微软将免费的网络服务内置在了 Windows 的企业版本当中，导致使用网景服务的企业纷纷离开了网景。而在其他操作系统方面，网景又不幸遭遇了 IBM 这类强势对手。

　　各方面的收益开始恶化，网景试图通过在企业市场中对网络浏览器收费来挽回颓势，不想这却成了它开给自己的最后一剂药方。人们不再使用收费的网景，转而寻找其他免费的网络浏览器。微软以此为契机，用免费的网络浏览器予以网景致命一击，大大提高了自己的市场占有率。在网景后来以 Firefox 这个名字重新出现在人们视野中之前，它一直被人们所遗忘。

　　我们接着来看一看随着互联网崛起的另一个重要竞争者——Sun 的 Java 平台。Sun 制作的 Java 作为新定义的开发语言，是一种一旦制作完成即可运行于多种操作系统上的跨平台系统。Java 从两个方面对微软构成威胁。首先是只要一次性制作完成，就不仅可以在 Windows，还可以在苹果的 Macos 以及 Unix 等操作系统上运行，所以微软费尽心血为自己建立的 Windows 开发者社区很可能会顺带为别的操作系统服务。这意味着在普通消费者市场和企业服务市场中，以 Windows 为中心构筑的垄断性生态系统将弱化。其次 Java 不是一个简易语言，它系统地提供了满足企业需要的 Framework 功能，并且还以微软的惯用伎俩——免费形式提供，版本更新速度也非常快。

那么，Sun 为什么要将这种需要不断投入研发经费的 Java 平台免费投放市场呢？Sun 是一家销售企业用服务器产品和解决方案的公司。Java 虽然是一项开放性技术，但 Sun 却掌握着它的技术核心，因此人们一旦大量使用 Java，Sun 提供的最适合 Java 运行的企业用服务器和解决方案的销量就会增加。事实上，Sun 的确在互联网初创期售出了大量网络服务器硬件，赚取了相当大的利润。

回到正题，微软针对 Sun 的 Java 采取了什么策略呢？其实和之前对付网景没有太大差别。微软首先对 Java 技术本身表示包容，在现行开发工具中加入 Java 这个开发语言。最初，为了使使用 Java 语言编写的程序能够兼容各种操作平台，企业必须遵循 Sun 的标准，但是微软却想方设法地坚持其垄断路线。比如，不使用 Sun 提供的 Java 语言编译器，改为微软自己的版本。结果可想而知，微软的 Java 语言运行器成了操作系统的标准配置，而 Sun 的 Java 运行器则需由用户自己下载安装，这就微妙地诱导了 Java 语言的非标准化。

不止于此，跟浏览器插件的情况一样，微软在 Java 语言的推广过程中不使用 Sun 提出的 JNI（Java Native Interface）标准，而采用微软自己的 J/Direct。这也和对付网景的办法非常相似，微软为了保卫以 Windows 操作系统为中心的商业生态系统会想尽办法使其他跨平台丧失优势。后来，在美国的反垄断调查中，微软给予了 Sun 等企业一笔不小的赔偿金。

最后我们来看看于 1998 年收购了网景、和 Sun 联手组成反微软三角联盟的 American Online（AOL）。AOL 是美国最大的互联网门户企业，虽然曾被时代华纳并购，几经辗转又重新独立，但却一直是美国人最爱用的服务之一。AOL 开发的用于网络聊天的即时通讯服务也很有名，从互联网初创期开始就一直保有相当数量的 AIM（AOL Instant Messenger）用户。微软开始提供即时通讯服务，并觊觎 AOL 的用户基础，因为他们是微软互联网门户 MSN 的潜在核心客户。于是，微软故技重施，在初期以支持 AIM 协议的方式维持了兼容性，后来就逐渐改为适合微软 Windows 的协议方式,最后当不再需要与 AOL 保持兼容时,微软就结束了与 AOL 的关系。

关于微软这种战略的事例还有很多，其中相当一部分后来遭到了反垄断起诉。我们审视一下微软对待新的市场竞争者的策略，就会发现一个共同之处。面向双边市场的企业通常对一个客户群给予补助，从另一个客户群获得收益，但是和微软竞争的企业总是遭遇到不管从哪个客户群都难以获得收益的两难处境。如网景采用的就是网络浏览器免费、服务向企业客户收费的经营模型，但却因为 Windows 基本配置中的免费网络浏览器和 Windows 企业版本中的免费网络服务而受到了很大影响。

前面虽未提及，不过以多媒体播放器闻名的 RealNetworks 也曾试图采用类似的经营模型。RealNetworks 的播放器市场占有率近 75%，完全以免费形式提供给用户，相应地通过向企业出售实时传输多媒体的服务来获取收益。这个例子中两个客户群之间的积极网络效应虽比前文中的网景更强，却仍无法抵挡微软的凌厉攻势。微软制作了 Windows Media Player 作为系统的基本配置，又在 Windows 企业版本中免费提供媒体传输服务。虽然后来 RealNetworks 将经营模式转变为在线音乐服务而得以幸存，但这种成功转型的例子并不多见。

成功化解微软攻势的 Adobe

微软在企业市场和消费市场全面推行免费政策，在这样的破坏性攻势下，其他企业怎样做才能生存下来呢？为此，我们有必要分析一下那些在微软的全方位进攻下依然健在的企业。他们中间的代表就是 Adobe，它研发了在浏览器上查看多媒体内容的 Flash 技术以及用 PDF 格式编辑和查看文档的软件。

Adobe 作为一家代表性的跨平台企业，在市场占有率方面甚至超过了微软，因为几乎所有使用网络浏览器的电脑都安装了 Adobe 的 Flash 产品。而 Adobe 开发的查看 PDF 格式的软件 Acrobat Reader 和编辑软件 Acrobat Writer 分别以免费和收费两种形式提供，也是以双边市场为对象的经营模式，它一边向查看 PDF 文档的人以免费的形式提供补助，一边又从制作 PDF 文档的人那里获得收益。

微软在 2007 年曾一度想把 Adobe 使用开放性标准技术研发的 PDF 格式储存功能配置在自家的 Office 产品当中，无奈 Adobe 出于对微软市场支配地位的担忧而强烈抵制，最后改为让用户从微软网站上下载的形式。当时 Adobe 充分利用了微软正在欧洲接受反垄断调查处境，要求对每一个支持 PDF 格式储存功能的 Office 产品收取许可费用。

Adobe 令微软无法直接在操作系统或 Office 软件中使用 PDF 格式储存功能的同时，相应地增强了 Acrobat Writer 的功能。例如，安装了 Adobe 的软件之后，电脑的主要程序中就会自动生成储存为 PDF 格式的选项，还可直接编辑 PDF 文件，更有意思的是，甚至可以将以 PDF 格式创建的文件转换为微软的 Word、Excel 格式。假使 Adobe 当时默许了微软的行为，任由它用 Office 产品取代 PDF 文档生成器的相当一部分作用，那么在这个过程中，微软就很有可能故技重施，按照自己的偏好修改 PDF 标准，然后内置在以后的 Windows 系统中。这种行为在与网景、Java、RealNetworks 和 AOL 的竞争中都无一例外地体现了，谁也不敢担保不会发生在 Adobe 的身上。

他山之石，可以攻玉——以 3DO 为鉴

游戏机市场有着相当悠久的历史，雅达利公司于 1970 年初制作的乒乓球游戏被视为第一代街机游戏的开端。后来雅达利一直延续这个系列到第五代，才最终撤出游戏机市场，当时索尼的 PlayStation 是市场上最受欢迎的畅销游戏机。微软作为个人电脑市场的强者，一直对索尼 PlayStation

占领的家用游戏机市场虎视眈眈,终于在 2001 年姗姗来迟地迈入了第六代游戏机市场。

游戏机市场中,几乎大部分生产游戏机的公司也同时制作机内操作系统,承担着对游戏开发者的赞助和游戏的发行工作,因此这一产业结构本身和几个厂家共同生产 PC 兼容机、仅在 Windows 这一个操作系统下对开发者社区进行支援的个人电脑市场很不一样。那么,微软一旦进入这样一个游戏机市场,又该如何掌握经营的方向呢?

简单的设想是,只要按既定方式制作一个以 Windows 为基础的游戏机用操作系统,设定好游戏机本身的规格,再交给几家制造商去生产就好了,即在销售游戏机用操作系统的前提下进行经营。微软涉足游戏机市场之前,正好有一家公司用类似的经营模式进行了尝试,结果证明这种方式与游戏机市场的情况不大符合,它就是由制作了几个著名游戏的 EA 公司出资设立的 3DO 公司。

3DO 游戏机的操作系统由 EA 制作,此外 EA 只负责设定游戏机的规格,无论哪一家制造商,只要获得授权就可以生产游戏机硬件。尽管经过几轮媒体的渲染,有关这款游戏机的好评如潮,然而最后 3DO 游戏机却因定位和价格政策上的失误以失败告终。

定位的失误在于把 3DO 游戏机定位为家用媒体播放器,而不是单纯的游戏机。这种定位也和参与公司中有时代华纳这类媒体企业有关,但却导致了多媒体功能应用不多、价格反而偏贵的结果,尤其高价问题可说是 3DO 游戏机失败的主因。尽管当时市场中已经存在许多竞争公司,3DO 游戏机的价格仍然高过同类公司许多。

游戏机市场的传统客户是购买力较弱的青少年这类年轻人群,因此惯例是低价出售主机。消费者购买游戏机之后,认为至少要买几个游戏来玩才对得起本钱,而且如果感觉好,还会再次购买。所以一般来讲,游戏机公司会对开发商制作的游戏进行认证,以分享销售收益的形式构建收益结构。

3DO公司错误地认为只要设定规格、颁发许可后，随着越来越多的制造商同时生产3DO游戏机，价格自然会因竞争而下降。但是即使因为竞争而需要压降价格，也不能让企业亏本销售。一般的游戏机制造商以低于成本的价格出售游戏机，之后游戏的销售能抵消这部分损失。然而3DO游戏机的制造商却无法获得游戏销售的收益，因为3DO公司的收益模型很大程度上依赖于游戏的销售。再加上定位指向媒体播放器，配件复杂繁多，无法像其他专用游戏机那样降价促销。

3DO游戏机初期价格居高不下，也使得制作游戏的开发商预测它无法畅销，因而在3DO游戏的制作方面不甚积极。没有游戏，游戏机自然就丧失了吸引消费者的魅力，3DO游戏机就这样陷入了无穷无尽的恶性循环。

如果像3DO公司这样混淆了双边市场中应该予以补助和应该索取利润的客户群，付出的代价就会很惨重，因为积极网络效应才有利于经营，而一旦消极网络效应产生，就会反过来动摇经营的根基。3DO公司的事例成为说明向双边市场中价格敏感度高的客户群给予补助会给经营的成功带来多大影响的反面典型案例，在很多场合被引用。最终，梦想成为"游戏机市场的微软"的3DO公司前功尽弃，只能消逝在历史的长河之中。

确立游戏平台

微软反复分析了3DO公司的失败案例，汲取教训，采用通行游戏机市场的方式开始Xbox的经营。首先，微软把游戏专用硬件改造为当时的奔腾III水平，重新开发了用于游戏机平台的Windows操作系统。为了提高3D图形处理能力，微软还联合了以显卡闻名的NVIDIA一起合作。由于涉足的是一个全新的市场，微软在与已经拥有许多游戏的索尼、任天堂公司的竞争中遭遇了很多困难，连Xbox的BIOS都被黑客破解了。一时间，用复制了的Xbox信息、去掉部分版权保护功能的芯片代替原版BIOS芯片的改装盛行起来。改装后的 Xbox 可以在硬盘上储存游戏，连接到电视上观看相片和视频等的媒体播放功能使用起来也更加自由。有人干脆在游戏机上重新安装了 Linux 类操作系统，当做电脑使用，游戏机的补助使得 Xbox 与同类电脑相比价格便宜很多。

微软为这种改装芯片的风潮头疼不已，采取诸多措施都没有成效。然而不得不承认，Xbox 借着这股改装之风讽刺性地得以普及，因为它不仅有游戏功能，还能当家用媒体播放器使用，所以购买改装后的 Xbox 的人为数不少。但如果这种非法行为继续盛行，游戏开发者对盗版的不安感觉必然会加深。在这种情况下，微软推出了 Xbox 用户互玩在线游戏、竞争排行榜的 Xbox Live 服务。Xbox Live 既是微软应对游戏机市场强大竞争对手的在线游戏的措施，也在另一个层面上让使用非法改装 Xbox 的用户变相蒙受损失。如果在非法改装的 Xbox 上登录 Xbox Live，账户就会自动停用，运气再坏一点，可能连 Xbox 机器本身都会出问题。

Xbox 凭借家用媒体播放器和在线游戏服务这两大特色，在索尼和任天堂这些游戏机企业的参天大树的缝隙之间逐渐发展壮大。第二代 Xbox 360 游戏机上市后，微软的游戏平台在一定程度上确立下来，仅 Xbox Live 的会员就增加到近 2000 万。在家用媒体播放器和在线游戏这两个方面，Xbox 恰好符合了近期的智能电视和社交游戏概念这些主要趋势。事实上，为了扶植几乎被遗忘了的 Windows Mobile，微软甚至考虑将它与 Xbox 和 Xbox Live 连接。

通过搜索与邮件扩大网络影响力

进入互联网时代以来，微软虽然尝试了几种不同的网络服务，但是与谷歌或雅虎那种以互联网为基础创立起来的企业相比，似乎还不能算运营得很好。有调查结果显示，1998 年后，微软仅在线业务方面的亏损就超过了 10 兆韩元①。尽管微软的许多服务都业绩不佳，但 Hotmail 邮件服务却保持了业界领先的地位。Hotmail 的会员数高达 3.6 亿，领先 Gmail 两倍左右，这个数字实在令人叹为观止。

微软和谷歌向用户提供免费邮件服务的原因，除了谷歌想当广告牌使用的目的之外，还在于邮件服务所独具的长处，那就是可以通过该服务诱使用户使用自家公司的其他服务。邮件和搜索一样，是一项使用频度很高的日常服务，如果在提供邮件服务的同时捆绑辅助型服务，效果就会很好。如使用谷歌的 Gmail 时，页面顶端会自动显示包括谷歌文档、日历、翻译、聊天等功能的菜单，若不是 Gmail，恐怕很多人都不知道谷歌还有这些服务。

谷歌在网络邮件服务方面对微软穷追猛打，而搜索领域的情况则恰好相反。微软推出的必应搜索屡获好评，市场占有率稳步提升。以 2011 年 12 月为基准，微软虽然还比不上北美地区搜索市场占有率 65.9% 的谷歌，但却首次超过雅虎，名列第二。

微软正在通过和雅虎的合作争取一次性提高 28% 的市场占有率，该合作要求雅虎在 10 年内保持网站的基本搜索引擎为微软的必应。对此，微软开出的条件比谷歌大胆得多。根据此协议，雅虎将获得搜索广告销售额的 88%，可见微软对提高占有率的关心程度远大于搜索广告的收益。微软现任的首席执行官史蒂夫·鲍尔默在接受访问时也表示，在今后的 5 年里，微软将最高把营业利润的 10% 投入到搜索部门。

微软为什么这么热衷于扩大搜索市场的占有率呢？搜索占有率的提高会成为提高广告客户网络忠诚度的契机，而广告如今已经成为提高经营模型灵活度的重要指标，所以建立最大的广告平台和广告客户网络绝对值得像微软这样的企业产生兴趣。另外一个原因就是谷歌。谷歌可以说是基于

① 约合人民币 548.6 亿元。

互联网的服务企业的代表，它和扎根于软件行业的微软在遗传基因上完全不同，所以微软的传统战略——以消费者用和企业用 Windows 操作系统包围竞争对手——在谷歌的经营领域行不通。况且谷歌自主研发了网络浏览器，直接导致微软的网络浏览器在全世界的占有率降到了 50% 左右。

互联网世界本身以 Web 标准不断向前行进，微软即便有目前的市场占有率，也很难扭转大形势。换句话说，微软再想以自己的标准一举扳倒谷歌这种网络服务企业是越来越难了，更何况谷歌已经入侵了微软赖以生存的操作系统和 Office 产品领域，它的武器就是网络操作系统 Chrome OS、手机操作系统 Android 以及免费 Web Office 服务谷歌文档。因此微软为了保卫自己的王国，必须采取直捣敌营的战略。

另一方面，微软在近来发展迅速的 Facebook 上也早早地投资了自己的份额。微软和 Facebook 的合作尤其表现在前面谈到的邮件和搜索领域，我将在讨论 Facebook 的章节对此详加说明。

在移动领域遭遇其他类型的危机

做了半个世纪常胜将军的微软在与谷歌的竞争中显得有些力不从心，在移动领域更是丢盔弃甲、狼狈不堪。据高德纳统计，2000 年个人电脑市场占有率为 95% 的微软，即便加上智能手机市场，2010 年的占有率只有 70%，2011 年更是剧降到了 50%。由于印度及中国等发展中国家的电脑需求量急速上升，电脑市场仍在成长中，不过也有人预测移动市场将会吸收一部分电脑需求。最近上市的平板电脑系列的移动设备尤其如此。

iPad 和 Galaxy 这种平板电脑是手机与电脑的中间形态。平板电脑尽管在上网、游戏或信息存储方面类似普通 PC，却单独使用自己的移动操作系统，也就是说，它是一个处在苹果和谷歌影响力范围内的市场。尤其是，我们在前面已经提到，苹果甚至表现出统一手机和电脑操作系统的意图。继 iPhone 和 iPad 的成功以后，苹果开始频频出入家用电视机和游戏机领域以及原来的电脑市场。当微软失去移动市场优势地位先机之时，在相应市场中累积了相当的力量和现金储备的竞争对手开始向微软的 PC 市场渗透和扩张。就像本章开始所讲的那样，移动市场中仅智能手机一项就已有凌驾于 PC 之上的势头。在这种高速成长过程中，反复犯错、不断修正会带来巨大的机会成本。

话说回来，微软还有 Facebook 和雅虎这些援军，有个人电脑市场的主要合作制造商以及 Windows 开发者社区这些丰富的资源，所以还有机会。社交游戏平台 Xbox Live 和家用媒体播放器 Xbox 也都可以成为扭转颓势的工具。但是和 PC 一样，移动设备领域也严格遵守着基于网络经济的平台法则，留给微软的机会和时间已经不多了。

Facebook——社交网络的无限可能

谁也没有想到，一个简单的大学内部通讯录网站会在不到 8 年的时间里发展出超过 8 亿以上的全球用户，展现出巨大的威力。哈佛大学学生个人信息的共享网站 Facebook 是由哈佛的怪才工程师马克·扎克伯格和室友一起研发的，现在已经发展成为一个在世界各地拥有无数注册用户，可以自由留言，分享照片、视频和新闻等的全球最大社交网站。在这个过程中，Facebook 从多个类似社交网站中脱颖而出、将竞争对手远远甩开的秘诀究竟是什么呢？马克·扎克伯格曾表示，Facebook 的成功源于平台。

今天，规模早已今非昔比的 Facebook 倡导的核心价值仍是"快速行动（Move Fast）、集中精力（Focus）"。当竞争公司还在对市场状况和经营计划进行战略性探讨时，Facebook 已直觉性地透过市场反应闪电般做出决策，并不断改善。下面，我们来看看这个以信息共享起家、经营双边市场的Facebook是怎样成长为平台巨头的。

把社交网络变成全球游戏厅

Facebook创立3年后，开始真正展现出不同于一般社交服务网站的平台企业面貌，这就是于2007年开放的允许第三方开发者利用Facebook用户信息制作各种应用的F8平台。在Facebook为数众多的服务中有一类身份服务，相比就某个特定话题展开交流的形式，这项服务更强调为用户提供在网上自由制作身份标识、与认识自己的人展开交流的价值。因而，我们可以理解为第三方开发者Facebook提供的价值更接近社交服务的根本价值，即不局限于大多人喜爱的音乐、电影的特性，而强调"我"本身和"我的日常生活"的存在。

Facebook允许开发者利用其平台开发某个游戏应用，由于用户必须注册成为Facebook会员才能和好友一起玩游戏，所以开放这种平台后Facebook的注册人数飙升。伴随平台诞生的还有新兴词汇"社交网络游戏"（social network game, SNG），Facebook平台催生了一大批靠"种植农场"类的简单游戏在短时间内迅速成长为超级规模的公司。为了让外部开发商为自己制作大量优秀的游戏，Facebook必须找到合适的收益模型。为此，除了允许开发商向用户直接销售应用或在应用程序内销售游戏虚拟物品等基本方式外，它还广泛使用广告植入。

2007年底，Facebook提出网内虚拟货币的构想，并于2008年11月正式推出用于购买"Gift Shop"中礼物的虚拟货币，由此产生的支付环节也在Facebook的支付系统上解决，这样就成功地构建了一个产生收益的平台。当时，虚拟货币为Facebook带来的销售额约为7500万美元，Facebook又在这些经验的基础上于2009年5月推出了可以在外部开发的应用中使用的预付费货币"Credits"。所谓预付费形式，就是预先用手机或信用卡购买一定的金额，以积分形式累积在账户中，方便在游戏里购买虚拟物品等的时候使用。

虚拟货币这个概念在韩国也有，人们比较熟悉的是赛我网的"红豆"。虽说韩国也开垦了这一片领域，但目前运用得最好的还是中国最大的门户网站之一——腾讯运营的即时通讯软件QQ。QQ的虚拟货币"Q币"可以付钱购买，也可以通过活动获取。那么QQ中的虚拟货币是怎样使用的呢？QQ即时通讯与QQ秀虚拟形象之间的紧密联系是一个重要的提示。用户选择与自己形象相近的QQ秀后，在改换发型、衣服、鞋子和背包等配件时会大量使用到Q币。由于在QQ中用虚拟货币购买的商品大部分不可以无限复制，可以想象由此产生的销售收益会相当高。

平台企业一旦拥有这种类型的支付货币，就能形成一个经济圈，保障巨额的利润，所以这种形式也是企业的基本考虑之一。不过，如果想区别于贝宝这种全球性支付方式，就必须像QQ和Facebook这样建立社区，让会员在与他们的活动密切相关的领域使用支付货币。

成长在会员的注册与登录之间

Facebook推出F8平台以后不断谋求向平台企业的方向发展，它的进化过程有自己独特的个性，那就是诱导网络产生往复于Facebook这个社交平台的从属性。这就是说，要令Facebook作用于网络这个相互独立、松散的信息连接网，使其中的主要网站为Facebook提供附加价值，并越来越依存于它。为了包揽整个网络，Facebook又做了些什么呢？

第一件事是，让Facebook会员在访问其他网站时可以不注册为该网站会员，而是直接使用Facebook会员ID登录并使用相应服务，这就是Facebook Connect。Facebook Connect发布后，快速扩张，据大致估算，已有超过25万个网站使用Facebook Connect，因为不仅网站运营者可以从Facebook那里获得丰富的会员注册信息，用户也免去了在每个网站上——输入个人信息的麻烦。

那么 Connect 服务对 Facebook 来说有什么意义呢？首要的是可以吸引新的 Facebook 注册会员。用户可以直接在任何有"Facebook Connect"Logo 的网站上注册为 Facebook 的会员。这其实是向潜在会员问了这样一个问题："我到底是选择在没几个会员的网站上留下我的个人信息，还是注册为可以在多个网站上使用的 Facebook 会员？"用户会选择哪一个答案不言而喻。事实上，比较 Facebook 网站、手机和 Connect 三种方式达到 1 亿会员所用的时间，会发现网站是 5 年以上，手机是 3 年以上，而 Connect 只花了一年多一点时间。准确地说，网络上产生的新会员注册需求中有相当一部分是通过 Facebook Connect 吸收而来的。

第二件事是，让 Facebook 会员一次性登录 Facebook 后就能使用大部分外部网站。对用户来说，不仅为许多网站单独管理不同的账户和密码这件事本身不容易，而且反反复复地输入 ID 和密码的登录过程也很麻烦。为此很多大型门户网站都提供了和 Facebook Connect 类似的服务，这样做可以提高会员的忠诚度。就像发行信用卡的公司要增加消费者能够使用该信用卡的加盟店数量一样，增加"加盟店"也是处理用户信息的互联网企业的战略之一。

综上所述，目前 Facebook 大力推行的就是用注册 Facebook 的方式代替现有网络上需要分别注册新会员的环节，需要登录时只使用 Facebook 账号登录即可。那么，这些"会员信息加盟店"——Facebook Connect 的关联网站为什么会自发地使用 Connect 服务呢？

最直接的答案就是 Facebook 的会员数已超过 8 亿。在 Facebook 会员已经占据了网络大多数用户的情况下，是否为 Facebook 会员的使用方便考虑对企业经营的成功产生越来越重要的影响。况且对关联网站而言也没什么损失，因为即使不单独接受会员注册，只要承认 Facebook 会员，Facebook 一样会提供相关会员的信息。Connect 服务在初期曾定下网站运营者必须在一天之内清除以这种方式接收到的会员信息的条款，但是从

2010 年中旬开始允许保存 Facebook 会员信息以便利用。可想而知，将来与 Facebook Connect 相连接的网站一定会越来越多。

Open Graph——重新书写 Web 链接

让局限在 Facebook 这个大仓库里的会员信息得以在网络上循环利用的实验成功以后，Facebook 又打出了一张牌，这就是"Open Graph"和"Graph API"。在过去，个人的网络活动分散在各处，无法一次性统一查看。如，在亚马逊购物、在潘多拉① 上听音乐、在 Hangame② 上玩游戏、在雅虎 Flickr 上分享照片等，个人活动分布在网络的各个角落，彼此无法衔接。虽然谷歌这个聪明的搜索引擎找出了它们的蛛丝马迹，把这些痕迹串成了一个残缺的填字游戏，但却结构散乱、不够精确。为此，Facebook 提供了一种社交书签功能，可以把网络上自己喜欢的商品、音乐、游戏、相片、新闻等一切事物标示到 Facebook 上，这些信息可以随时以简单而有组织的形式被其他用户找到。

社交书签 Open Graph 服务具体说就是，当会员发现喜欢的网页后，通过点击 Facebook 提供的"Like"按钮，该会员的 News Feed 上就会自动添加这一网页信息。从网站运营者的角度来说，越多用户使用"Like"按钮收藏自己的网页就会产生越好的宣传效果，网站没有理由拒绝这项服务。

Open Graph 和以前流行过的第一代社交书签服务的最大区别，就在于从外部网站搜集信息时的组织化程度。"组织化"这个抽象词汇不好理解，我们试着联想一下提供电影信息的网页。

该网页罗列了电影的片名、海报、主演、导演姓名等。Web 2.0 流行时一度盛行的书签网站要求用户亲自输入收藏网页的标题，诸如"××

---

① 韩国的一个视频分享网站。
② 韩国NHN公司旗下的网络游戏门户网站。

电影最新资讯"等形式。但即便如此，用户只获取该网页的链接地址，其中包含的具体内容在直接访问该网站前无法得知。所以 Facebook 只要求用户点击"Like"按钮，网页里的片名、剧照、主演等信息就会被自动识别，添加到 Facebook 上的 News Feed 中。

与其说这是 Facebook 的一项特别技术，不如说是众多网站在共同维护着在 Facebook 上显示的信息概要。因为加入 News Feed 的信息越精确、越美观，用户点击该链接访问网站的概率就越高，所以外部企业自发地追随 Facebook 上的这一技术。

Facebook 进而又推出了 Graph API 服务，允许网站随时通过 Graph API 接口对以上用户保存的记录、关注事件、相片、活动、聊天记录等像打开网页一样一目了然地查看。虽然目前该服务仍有隐私侵犯的担忧，但用户可在通过 Connect 等服务登录其他网站时，在显示的信息提供页面选择是否同意。

发生在网络上的一切活动依据 Open Graph 记录在了 Facebook 中，只需用户同意共享，外部企业就可以查看相关信息。

那么 Open Graph 和 Graph API 对 Facebook 来说有什么意义呢？结论是：这是一次重新书写 Web 历史的尝试。过去，在 Web 文档之间建立链接的行为主要由网站的运营者——网络管理员来实现，而谷歌这类搜索引擎则搜集和整理这些链接以便使用。

每个网页都有独一无二的地址，把它们输入网络浏览器后，登录相关网站即可查看网页。但是 Facebook 的 Open Graph 却允许普通用户通过点击"Like"按钮为自己建立独有的 Web 文档连接。因此，Web 链接从以网络管理员的判断为标准演变成以个人的爱好为标准，其重心发生了根本性偏移。Facebook 为会员的关注事件、聊天内容、相片、视频、日程等提供网页形式的唯一地址，将过去以网页为中心的信息型网络重新诠释为以人为中心的关系型网络。如今，一个"以个人为链接、以生活为网页"的崭新时代正在开启。这不是单纯地实验性尝试,在很多方面我们都不能小觑 Facebook 的潜力。

首先,Facebook 在注册会员数方面已经对整个互联网产生了莫大的影响,它正在通过 Connect 服务向无数网站传播这种影响。随着互联网对 Facebook 的从属性日益深化,说不定有一天,单独的会员注册和登录页面会消失,只出现与 Facebook 互联的网站。其次,Facebook 充分扮演着广告牌的角色,过去许多想提高自己在谷歌搜索结果排行的企业现在正在努力进驻 Facebook 的 News Feed。Facebook 的发展方向本身就支持这种广告形式,所以企业更加积极地响应 Open Graph 等服务。

最后,这些动作都对以传统网络信息为生的谷歌等公司、依靠用户的相互推荐增加灵活度的亚马逊等公司产生负面影响。

社交插件——网络整体 Facebook 化

Open Graph 旨在诱发 Facebook 会员搜集和收藏网络中自己感兴趣的内容,而为用户提供与 Facebook 好友在其他网站上进行无障碍交流的方法,就是接下来要讲的社交插件。例如,我在第一次登录某网站时,就能看到推荐该网站的 Facebook 好友,并能了解注册了这个网站的其他好友。又如访问音乐网站时,页面上会自动推荐我可能会喜欢的歌曲。这些都是在我第一次访问时,网站提供的,可是这些网站怎么会知道我是谁呢?这就归功于 Facebook Connect。那么,它又怎么会知道我喜欢什么类型的音乐呢?那是因为在 Facebook 的活动中我给予一定的提示了。

在使用社交插件的网站上,Facebook 用户可以了解有哪些好友在浏览该网站;即使不登录 Facebook,也可以直接在该网站上和好友聊天或互发消息;还可以查看该网站文章里只在 Facebook 好友之间可见的评论。

这种技术本身并不稀奇,早在 Web 2.0 流行的时候,就已经有一些网站提供了这种服务的测试功能。如果说存在差异,那就是当时在网站上,用户以匿名形式聊天或发布公告。由于会员数不多，要提供会员之间相互查看信息的服务还比较困难。但是 Facebook 的情况就不同了。一旦用户访问了他的在线人脉——Facebook 好友可能使用的网站，就会发现以各种形式存在的好友的踪迹。"我的好友注册了这个网站"这一点在访问者决定是否注册为该网站会员时会产生积极影响。也许利用 Facebook 为个人提供网络一切信息或功能的那一天即将到来。

随时可以查看 Facebook 上好友们的活动，对用户的购物行为同样产生影响。例如，用户访问亚马逊这类在线书店时，可以了解到好友购买的新书；可以查看好友收藏的商品清单，当好友的生日临近时，就可以根据清单为他购买礼物。这就是囊括整个传统 Web 的另一种新型 Web——Metaweb。在传统 Web 中，一个网页只存在着一个信息和格式，但是在使用 Facebook 社交插件的 Metaweb 世界，Web 却能根据访问者的不同以其 Facebook 好友关系为基础添加完全不同的信息。这样，Metaweb 就把 Web 这个静态对象包裹起来，允许人们加以评论、表达喜好、收藏或推荐等，让动态的"人"的故事深入渗透到 Web 之中，对 Web 进行了重新定义。当然，社交插件的使用必须是网站自愿的，至于它是否能够扩散到对整个 Web 产生重要意义的程度，现在还不得而知。不过从用户体验方面来讲，好友访问的网站、注册的网站、浏览的内容等都是用户感兴趣的。既然用户喜欢，网站方面也就直接或间接地确保了一种广告手段，因此也会积极响应。

需要注意的是，Facebook 的"社交插件"概念和谷歌的"广告联盟"很相像。初期的谷歌只在自己网站上刊登广告以获得收益，但很快就推出了广告联盟，将参与联盟的网站都变成谷歌的广告牌。网站运营者只要注册广告联盟、遵照谷歌的几项指南，自己的网站上就会自动显示与网站内容相关的广告。

广告联盟这一创新服务模型的划时代意义在于，对因点击搜索结果页面而离开谷歌网站的用户也能持续显示谷歌广告。由于形形色色的网站持续不断地增加，谷歌只需运营广告项目，就能让收益维持上升态势。Facebook 也通过 Open Graph 等服务在 News Feed 中显示搜集到的网站信息，用户点击这些链接后虽然离开了 Facebook，但却由于 Connect 服务和社交插件的存在，实际仍处于 Facebook 的魔法范围内。尽管 Facebook 能否通过这些手段挣得像谷歌那样的广告收益还是个未知数，但是 Facebook 的收益模型不仅有广告，还有 Credit 支付手段等，把它们也嫁接到第三方网站也是很有用的。

以上我们提到的 Connect 服务、Graph API、社交插件等虽然能带来有趣的用户体验，对企业来说也有好处，但却有可能导致另外一些问题。首当其冲的当然是个人隐私受侵害的危险；另外，如果 Facebook 的力量发展得过于强大，那么垄断也是一个隐忧。尽管 Facebook 之外的其他平台巨头企业可以发挥一定的牵制作用，但实际情况却是，除了新兴平台企业 Twitter 之外，其他所有的社交网络都对 Facebook 无能为力。因此即便 Facebook 不取代 Web，Web 也有可能受到 Facebook 影响而变得和它步调一致。

Facebook 带来的另一个变化是个人化的网络。Web 基本上是一个保障匿名性的空间。在互联网初创期以 Modem 连接网络时，虽然需要输入登录账号，但这只是上网用户才知道的信息。而且不只在家里，在单位、学校都能登录网站，所以无法确切知道用户究竟登录了哪些网站、进行了哪些活动。可是 Facebook 的情况却有所不同。如果登录 Facebook 后访问了连接到 Facebook Connect 上的网站，抑或通过社交插件在 Web 上与好友交流，都会留下历史记录，顺着这些记录可以轻易了解到用户是谁。说得好听点是 Web 变成了一个认识我的 Web，即个人化 Web；但若不巧被误用，那么用户在网络上的所有活动都可能被监视得一清二楚。

在 Facebook 上投资了巨额款项的俄罗斯投资家尤里·米尔纳在接受

采访时预测说："未来Facebook可能会发展为人工智能。"如果说谷歌这种一开始就以技术为中心创立、处理着大规模数据的公司发展出人工智能不足为怪，可是这个词用在Facebook身上就有些令人意外。然而，Facebook却出色地完成了在登录状态下搜集用户活动这件连谷歌都无法完成的事情。谷歌之所以无法实现，原因是用户使用搜索引擎时可以不登录，对于那些一查到搜索结果就迅速离开的人们，谷歌无法硬性要求他们登录。但是如果用户想使用Facebook，就只有在登录后才能看到自己的聊天记录、好友信息及讨论内容。因此，只要有足够的技术和充分的意愿，Facebook发展出人工智能的可能性丝毫不低于谷歌。

Twitter——140字构筑微博世界

Twitter现在已经成为一种文化现象的代名词，可以用"真正意义上的社会营销发源地""电光石火般的短文集结地""早期采用者的乐园"等各式各样的修饰词来形容。韩国智能手机的相当一部分用户都至少使用过一两次Twitter，它和强调相互关系的Facebook不同，是基于订阅"我是谁"这类文章的概念出发的。它属于在线阅读他人文章的博客种类，是以一两行简单文字进行交流的微博。

只能分享短短140字的Twitter是怎样获得如此之高的人气，聚集前所未有的社会关注，生成一种文化现象的呢？在这里发挥重要作用的是，不局限于一对一的关系，人与人之间的交流基本是以广播的形式公开。另一个成功原因是Twitter为第三方开发者提供了按自身用途设计Twitter大部分功能的可能，展示了一种"平台之平台"的模型。

下面，我们就来探讨一下被誉为生产无数 buzzword[①]、通过民间报道促进民主主义发展的 Twitter 的平台意义。

微博生态系统实验进行时

"Twitterverse"这个词是结合"Twitter"与表示宇宙之义的"universe"产生的新造词，表示以 Twitter 为中心运转的商业生态系统。在这个系统中，假如没有 Twitter，大部分企业的生存都会受到影响。

据 Twitdom 网站称，目前已经有近 2000 个应用登录了 Twitter。虽然这个数字比预计的少，但这不过是冰山一角，因为除了与 Twitter 直接相关的商业应用之外，还有相当数量的普通服务正在考虑与 Twitter 对接，如允许用户用 Twitter 账号登录自己网站的服务，或将会员发表在网站上的短文自动转发到 Twitter 上的服务，等等。

那么，Twitter 是如何从一个简单的手机短信发送服务逐步发展成为以自己为中心的生态系统的呢？Twitter 经过对自己的服务进行接口化、再对外开放自有资源这种近乎极端的实验，最终获得了成功。Facebook 和 Twitter 各有所长，但在将自有资源对外开放的层面上，Twitter 比 Facebook 更领先。例如，第三方开发者如果没有得到会员的许可，就很难获得会员的 Facebook 好友关系，但却能够很容易地获得会员的 Twitter 粉丝名单。Twitter 这种接口开放性的代价是网站用户访问率下降，因为第三方开发者可以提供 Twitter 网站的大部分功能，用户没有必要再登陆 Twitter 网站。

据估算，通过 Twitter 接口的访问率是 Twitter 网站访问率的 5～10 倍。对于 Twitter 为何采用这种开放的接口政策，我们尚不明确。不过，开放接口是 Web 的主要趋势，也许 Twitter 运营团队只是顺应了这种 Web 2.0

[①] 根据维基百科的解释，buzzword 意指本身意义不明确、但在大众中广泛使用的流行语。

的参与和开放浪潮。

Twitter 一向以关注和倾听用户意见著称,这种企业文化很可能也促进了它接口开放的程度。Twitter 的这种开放性带来的一个有趣现象是各国的第三方开发者利用 Twitter 接口开发了形形色色的"Twitter 网站"或搜集名人目录的服务。由于这些服务大部分以接口形式提供,所以第三方企业干脆将服务全盘改写,单独运营。

这种实验对 Twitter 成长的重要作用固然不言而喻,但同时也为 Twitter 带来了显而易见的麻烦。首先是收益模型问题。微软在提供操作系统的过程中,对开发者予以补助,而从用户那里获得收益。Twitter 虽然以免费提供接口的形式对开发者予以了补助,但是针对用户的收费服务却没有确立下来。随着用户不断增加,访问流量上升,设备投资必须扩大,但收益之路却障碍重重,这最终会导致问题。即便是刊登广告,也要像谷歌那样保证充当广告牌的网站拥有较高的点击率,可是 Twitter 网站自身的直接访问率却相当低,所以要立即实现广告与收益来源对接也很不容易。

开放接口的另一个麻烦是有可能使利用它提供其他附加服务的企业成为自己的潜在竞争对手。运营社交网络服务的企业不止 Twitter 一个,一个在社交网站上提供分享照片和视频服务的企业初期可能只支持 Twitter,但该企业一旦同时支持 Facebook 等其他社交网站的话,对 Twitter 来说,确保可与该企业相抗衡的希望就比较渺茫。对于这种跨平台企业,Twitter 与微软的感受没有什么不同。因此,在构筑了 Twitterverse 这样一个商业生态系统之后,Twitter 还面临着保障强大收益模型、强化社交网络竞争力这些课题。

对此,Twitter 选择的方法是不把所有东西都交给别人去做。要想成为更有竞争力的平台,Twitter 不能满足于依靠第三方开发者制作应用,它必须扮演起一个平台企业应具有的主导创新性的领导者角色。在这一思想的指导下,Twitter 开始了对第三方公司的收购活动,其中之一就是收购

Tweetie公司,该公司提供在电脑或智能手机上使用Twitter服务的专用程序。过去有多家开发商都在出售Twitter登录程序,Twitter收购Tweetie公司后宣布这个程序免费,那些公司也就丧失了原有的收益模型。

在这个过程中,人们开始猜测Twitter的真正意图是什么、是否应该继续相信Twitter并待在这个生态系统中,这些猜测都是不理解平台基本原理的表现。作为一个平台,开放内部资源、接受外部创新固然重要,但企业也必须成为创新的主体,促进生态系统的积极进化。Twitter在这个问题上为自己确立了正确的方向,实现从单纯提供开放接口的企业向真正平台企业的转变。

此外,Twitter还进行了其他几项收购。比如,通过收购搜索引擎服务商Summize公司,彰显了开发自身资源的价值。Twitter不仅是人们互发信息的地方,还是人们关注的重大事件及对这些事件的评判等重要信息的集合体。Twitter的办公楼四周遍布着与Twitter有关的企业,这些企业是不是认为和Twitter的运营团队擦肩而过、打声招呼都会对自身的经营有益呢?Twitter的收购举措给予第三方开发商的信息似乎并不是负面的,它表明在适当的时机以合理的条件对企业进行收购本身就是资本市场的一种成功模型。

Twitter的Connect服务:@Anywhere

Twitter同样推出了类似Facebook的Connect和社交插件的服务,那就是@Anywhere服务。简单地说,就是允许用户在外部网站查看其他Twitter用户的简单资料,并且支持用户间直接互发信息。这种功能让用户即便不访问Twitter也能享受同等服务,在培养网络影响力的战略上和Facebook并无差异。

举一个@Anywhere的例子。访问某报社的网站阅读新闻时,用户点击某记者的图标后,就会显示该记者的Twitter资料,用户既可以直接加关注,也可以直接向该记者发送消息。不论用户身处什么网站,只要该网站支持 @Anywhere,就能以用户的 Twitter 账号直接登录使用,即只需登录 Twitter 一次就可在其他网站上与发帖者通过 Twitter 进行交流。通过电子邮件私下交流和在 Twitter 上公开发言这两种形式在获得的反馈上毕竟不同。由于还处于运营的初期阶段,@Anywhere 与 Facebook 的 Connect 服务、Open Graph 等相比还相差甚远,但在让 Web 变得更加"Twitter 化"这一点上,Twitter 可以说已经很好地确定了方向。

超越表象,探寻收益模型

尽管已经有了很大改善,但仅就 2008 年来说,每当 Twitter 用户之间的 Tweet(推文)信息急剧增多时,Twitter 就会偶尔出现服务中断的情况。最初,由于提供和手机短信相关的服务,Twitter 采用手机发送 Tweet 后收取相关通信手续费的形式。但是,到了短信服务被智能手机应用程序包办的时代,Twitter 急需其他形式的收益模型,因为在用户量急剧上升的情况下,如果不能找到合适的收益模型,从平台经济的性质来说,企业将很难维系生存。

我们先来探讨一下在 Twitter 的收益模型中应该给予哪一方补助。假设名人洪吉童[①] 的粉丝大约有 5 万名。对洪吉童来说,每发表一篇微博,不管自己的粉丝是 1 还是 5 万,他所花费的努力都是一样的,即信息生产的边际成本为零。但是,对于 Twitter 服务的运营者来说,必须使用恰当的方法最大限度地降低运营成本,因为单纯的信息发布与指向特定用户的信息发送之间存在着成本差异。当 Twitter 需要更多的服务器来保障良好的运营,而又缺乏特别的收益模型时,曾有人建议向部分粉丝众多的用户收费。例如,当用户的粉丝超过 5000 名时,就要按月缴纳一定的费用。

---

① 朝鲜古典文学家名著《洪吉童传》中的主人公。

这个建议的逻辑是即便粉丝众多的用户只写了一篇博文，但向其所有粉丝发送该博文对 Twitter 来说也需要一笔相当大的费用。

姑且不论事实是否如此，我们先来想想向粉丝多的用户收费的做法是否合适。我们在前面已经谈到过，Twitter 同时具有信息网络和消息网络两个特性。假如我们把 Twitter 视为单纯的消息网络，即只提供人们互发消息的服务，那么收费就有其合理性，因为许多邮件服务公司也会针对大量发送邮件的服务额外收费。

然而，如果从信息网络的角度来看，Twitter 的情况就不同了，因为人们对获取信息的需求决定了平台里必须存在大量优秀的信息生产者。这和运营博客服务的公司为吸引知名作家到自己的网站建立博客而展开激烈竞争的道理一样。因此，对 Twitter 来说，粉丝多的用户不仅不能成为收费的对象，反而应该是获得补助的一方。目前这种补助并非以金钱形式提供，而是以个人名气在 Twitter 系统上的自然上升维系的。另外，粉丝多的用户在某种意义上还发挥着传播社会重要信息或消息快速的类似于资讯中心的作用。

例如，地球上某地区发生了地震，需要国际援助，当地人在 Twitter 上发表了推文。关注这个人的粉丝利用转发将该文继续传播给自己的粉丝。这个过程固然要依赖快速的网络传播，但真正赋予传播以加速度的却是某个拥有众多粉丝的用户的转发操作。

在社会领域，"连过了几座桥都尽人皆知"的根据也是被称为具有"超级链接"（super connect）能力的人脉强大的少数群体的传播力。因此，从信息生产者和需求者的角度来看待粉丝数量时，Twitter 比较合理的做法是向粉丝众多的信息生产者提供补助，从大量订阅资讯的信息需求者那里获得收益。

从信息需求者那里获得收益的最佳方法不是别的，正是广告。与谷歌在搜索网页时面呈现广告的形式不同，Twitter 可以在用户按时间轴查看文章或按特定关键字搜索文章时呈现广告。

尤其是第一种方式被称为"推荐推文"（promoted tweet），将广告赞助商的文字张贴在用户的时间轴上。尽管用户看到的都是自己喜欢的品牌或公司发来的信息，可能会对此感兴趣，但这种尝试有可能降低用户的信赖度，所以需要谨慎操作。

化身为令地球变聪明的神经系统

关于 Twitter 未来的发展方向，存在许多不同的见解。可以明确的一点是，Twitter 作为信息网络和消息网络的价值将会提高。过去，人们的言论随时间流逝而难以找回，但现在有了增强文字和信息生命力的方法。好的文章和信息会被人们转发、重新分类或单独收藏，还可能在电视台或报社等媒体企业的运作下成为热点话题，甚至会被整理出版成书。

不仅信息的生命力增强，现在还出现了让信息查看变得有趣的方法。目前，诸多企业最感兴趣的领域就是 Twitter 上对企业或产品的评论分析。企业无法一一阅读和搜集 Twitter 上与自己有关的信息，因而一般从专业分析机构那里获得持续的数据，用于管理客户关系、品牌等。

Twitter 的另一个发展方向是利用信息的实时上传和自我提炼能力，充当向电视台提供快讯的新闻网络。一旦有人上传了世界范围的地震、股价波动或趣味话题等内容，Twitter 就可将之加工以地区新闻的形式提供给消费者。虽然已有电视台直接在 Twitter 上翻寻新闻事件，但 Twitter 很有可能开始将热点话题分类并提供新闻的服务。这将会成为一个基于对外开放、超越社交网络的信息网络价值最大化的典型范例。

尽管无法像 Facebook 那样积累对人际关系的深入了解，但 Twitter 却拥有实时上传的庞大信息流以及挖掘黄金信息的潜力。

比如，Twitter 上有一个利用表达情感的"爱"（Love）、"恨"（Hate）、"希望"（Wish）等词语实时显示文章的有趣服务。当你想知道人们现在喜欢什么事物时，只要点击"我喜欢"（I Love）链接，就会实时生成以"我喜欢……"句型组成的微博文章列表。恍惚间，我们甚至会产生错觉，Twitter 就是链接地球这个巨大行星的神经系统。虽然，我们究竟能够通过 Twitter 获取什么样的信息还有待研究，不过这个服务的开发却体现了 Twitter 的无限可能性。

书写历史新篇章的企业

贝宝——憧憬未来的信用卡公司

人们买东西通常使用的是现金、信用卡或转账这些方式。近年来，随着科技的发展，在生意往来、捐赠、纳税等所有涉及金钱流通的角落，支付和转账的手段都变得越来越方便。以往，代理存款转账的银行和支持赊账交易的信用卡公司在这些金融交易行业中扮演着核心角色。但随着互联网的普及，支持通过手机和互联网进行支付和转账的贝宝（PayPal）类利基企业应运而生。

近年来，这些以利基形式存在于各行各业中的企业快速成长甚至危及了传统金融行业。这当中尤其值得关注的是通过手机这一媒介几乎取代了离线信用卡公司地位的贝宝。

梦想成为手机与网上交易的金融企业

贝宝虽然在韩国不那么为人所知，但在国际上却是认知度相当高的网上与手机支付服务。2010 年，贝宝的注册人数超过了 2.2 亿，活跃用户达 8700 万人。贝宝每年增加 30 亿美元以上的销售额，2009 年销售额就达到了 210 亿美元。韩国所有的在线购物商城所产生的销售额总和只有约 24

兆韩元①，而贝宝这一企业的交易额几乎达到这个数字，实属了不起。贝宝的交易额如此之高，可以说是得力于 2002 年以 15 亿美元收购它的 eBay 的强大实力。eBay 是世界最大的网上市场，收购了韩国的 Auction 和 Gmarket 在线购物商城，而贝宝则是 eBay 上用户的主要支付手段。

贝宝是一种与非商品的钱财相关的委托付款服务。付款人的钱不直接存入收款人的银行账户，而是暂时冻结在贝宝的企业账户中，当有邀请或确认时，贝宝才予以转账，并且也不是直接以现金形式拨款，而是转入收款人的贝宝虚拟账户。如果收款人超过一个月不予履行交易，贝宝就会通知付款人，并将款项按原样退还给本人。可以推想，贝宝的主要收益来源之一就是这种虚拟账户存款的利息收入。

由于贝宝主要代理网上支付，所以和 Visa 卡、万事达卡等大型信用卡公司没有直接的利益冲突。但是随着移动互联网快速发展，贝宝与钱包中的信用卡开始竞争。Visa 卡、万事达卡等信用卡公司已经开始在手机上附加信用卡功能，只要用手机在信用卡加盟店的终端机上刷一下，就能实现信用卡支付。

美国的 AT&T、Verizon 这些主要移动通信商联名宣布在手机上结合信用卡功能，并制定在商场使用的相应标准。在移动通信服务自身越来越难以创收和谋求发展的状况下，移动通信商纷纷开始寻找替代的收益模型，尝试手机与金融功能的结合。

在消费家电产品上附加贝宝支付功能

我们试着让时间倒回到过去。现在，我们身处 2009 年贝宝举办的 PayPal X 测试开发者会议的现场，贝宝平台和新技术部副总裁奥萨玛·贝迪耶正对在座的开发者说："在 30 年前，电的杀手锏是'光'。如今，电已经成了所有事物的原动力，在座的各位甚至不需要知道电力设备内部的

---

① 约合人民币 1317 亿。

装置是怎么样的。在今天的互联网世界,同样的事情正在发生,现在谁也不会去想互联网是如何运作的。可是,要真正做到随时随地使用互联网,我们必须先消除与金钱有关的障壁,让人们无论何时何地都能轻松支付。我将把开启我们平台的钥匙交给诸位,相信我们的平台能够消除主要的障壁。"

就这样,贝宝把支付平台对外部开发者开放。现在,贝宝已经不局限于在网站上添加贝宝支付按键这种简单功能,它还允许开发者开发包括贝宝的结算、转账、催款等多种金融功能在内的应用程序。用户不仅在网上,在手机、电视甚至游戏里都可以使用相应功能进行金融交易。诞生划时代创新的可能性大大提高,因为只要开发者拥有精彩的创意,就可能创造出前所未闻的金融服务产品。这种开放性战略虽然不算新颖,但这样大规模的企业如此全面地开放支付、转账等一系列金融功能似乎还是头一次。贝宝诱使消费家电制造商安装贝宝支付平台,因为在相应电器上产生的金融交易如果使用了贝宝的支付平台,就会成为贝宝的收益来源。贝宝的这种战略有可能是从美国著名的影片租赁公司 Netflix 那里学到的。我将在后文中详细谈到 Netflix,这里姑且一笔带过。

贝宝的平台战略并没有止步于此,它还允许安装贝宝应用的 iPhone 用户通过相互轻触的形式实现现金的交换。在应用程序中输入转账金额,只要与对方的 iPhone 轻轻碰一下,就能将款项存入与对方 iPhone 连接的贝宝账户中。这种支付方式比较适合在街上碰面交易二手物品时的支付货款。在跳蚤市场售卖物品时,即使没有刷卡机,也可直接将货款从用户的账户转入与对方手机相连的贝宝账户中。假如刷卡机全部消失,人们使用手机代替信用卡进行支付和转账等操作的这一天真的到来,会是怎样一幅图景呢?

届时使用现金的场合会更加少。当难以使用信用卡或进行小额支付时,目前主要使用的是现金,但将来将会被手机取代。而且,随着个人用户之间的金融交易日益活跃，在"个人=商店"的商务模型领域会出现各式各样的创新。如果贝宝这类企业在网上、手机和日常生活中扮演的角色越来越重要，那么信用卡和银行等机构的议价能力就会相对弱化，因为总是站在客户的立场搜集信息的一方在长期议价能力上将会占优势。对移动通信商来说，这也将会让他们丧失在手机支付市场这个最让他们垂涎欲滴的收益来源的主导权。如今，形式各样的有上网功能的消费家电已经悄无声息地渗透到了拥有网络既得利益的移动通信商乃至整个金融圈，贝宝立志成为所有消费家电上的核心支付平台，这种战略究竟会产生怎样的结果，我们仍将拭目以待。

Skype——会成为另一个移动通信商吗？

iPhone 等手机支持 WiFi 后，移动通信商就发了愁。虽然移动通信商可以在现行的移动通信网上发挥强大的控制力，但 WiFi 网却和互联网差不多，几乎没有有效的控制方法。对以数据资费和语音通话费为主要收益来源的移动通信商来说，WiFi 是一个削弱收益模型的不安因素。尤其现在，WiFi 能够利用网络电话技术实现语音通话，只需将语音转换为数据，通过网络发送给对方，再将收到的数据重新转换为人们能听懂的语音就可以了。

在韩国，由网络公司提供的 070 网络电话已经很普及了，网络电话公司有时还会实行免费政策，因为手机或有线电话不必支付企业之间的网络费。电话公司越是普及网络电话，消费者免费通话的次数越多，对企业反而就越有利，这显然是一个存在平台经济的市场。也就是说，网络电话注册人数越多，拥有免费通话的可能性就越大。在这个市场占有率越高、消费者越多、市场主导权就越强化的网络电话市场中，鹤立鸡群的是不久前被微软收购的 Skype。

不卖手机的移动通信商——Skype

Skype 是一种通过电脑或专用网络使用的网络电话服务，Skype 用户之间通话是免费的，但通过 Skype 与手机或座机通话就要收费。这是 Freemium 商务模式的代表，即为客户提供收费商品，此商品产生的收益除去免费商品成本仍能盈利。Skype 在手机上使用的网络有移动通信网和 WiFi 两种。其中移动通信网由移动通信商投资建设、在全国各地铺设基站进行运营，基本上属于移动通信商的资产。尽管网络的公共财产性质曾经引发有关所有权的争论，但在社会公论尚未形成之前，移动通信商仍旧可以根据自身利害关系通过网络控制信息流通。

2009 年，AT&T(Amercian Telephone&Telegraph，美国电话电报公司）接受美国政府的劝告，允许安装在 iPhone 中的 Skype 程序通过 3G 手机移动通信网提供网络电话服务，接着 Verizon 也加入了这个行列。"网络电话不通过移动通信商的网络提供服务"这个重要规定终于打破了。当然，这些移动通信商并非无条件允许使用 Skype，他们为 Skype 制定了相关资费标准，用户必须每月缴纳一定金额才能使用。

但最重要的是，原先不成文的规定如今已被打破了。将来随着移动通信发展到第四代，语音通话也将和现在的数据通话一样使用互联网协议，即移动通信商的电话通信网将变成网络电话。因此，网络电话的先驱 Skype 和移动通信商之间的微妙矛盾在将来很有可能升级。

电话功能也将纳入消费家电

和贝宝一样，Skype 也于 2010 年开放了自己的核心竞争力——网络电话——相关的平台 Skype Kit。乔纳森·克里斯滕森发表在 Skype 官方博客上的《Skype Kit 测试项目简介》中提到："我们相信利用 Skype Kit 可以令所有上网机器都成为可以通话的机器。同样地，现在桌面电脑应用软件也可随处搭载 Skype……请把 Skype Kit 视为一个无头版本的 Skype，一个不仅可以在电脑上,还可以在电视、笔记本以及其他一切电器上悄无声息操作的没有屏幕的 Skype。"

过去的 Skype API 仅提供给网络摄像头或耳机等配件制造商,而现在 Skype Kit 面向的却是各式各样的消费家电制造商。Skype 最先制作的是支持广泛用于消费家电的 Linux 操作系统的软件开发工具,现在又新增了对 Mac-OS 和 Windows 系统的支持。Skype 上的语音通话、视频通话、在线聊天等功能都可以方便地连接到消费家电上,因此,所有电器都具备了成为沟通工具的可能性,其应用也变得多样化。

例如,玩网络游戏时可以和对方玩家在网上聊天;邀请朋友一起看有趣电视节目的同时,可以利用网络电话与朋友闲聊。Skype 所侧重的不仅仅是己方的努力,它还邀请消费家电制造商和外部开发者参与。如今,供苹果 iPhone 和谷歌安卓手机使用的 Skype Kit 已经研发完成。Skype 掀起了一股在各种手机和电视应用上附加语音通话功能的风潮,在这股风潮之下,移动通信商又能作何反应呢?由此可见,利用 Skype 这样巨大的客户网络和 Skype Kit 这样的开放型核心平台谋求创新和传播是多么具有威胁性。不过,它最终能否获得成功,还有待时间验证。

Web——改写影片租赁史

把电影院上映的电影录制下来进行租赁的行业在前文谈到的索尼 VTR 技术问世的时代就已经站稳脚跟了,但这种消费方式由于网速的提升、有线电视收费电影的开通以及盗版电影的下载等,市场规模已经大大缩小。2000 年前后,互联网企业如雨后春笋般涌现之时,Netflix 这家企业却一反上述这种趋势,开始经营配送和回收录像带的业务。许多人都对这家公司的经营模式嗤之以鼻,而且 Netflix 也确实未能避免长期的赤字,但是后来它却以平台企业的面貌重生,迎来了大发展的契机。

在所有消费家电上接种 Netflix 的"特洛伊木马"

2007年,Netflix 将原先的技术团队分离出来,组成了独立的 Roku 公司。同年,被命名为 Roku Box 的黑色机顶盒上市。Roku Box 将网络和电视相连,实现在电视屏幕上观看 Netflix 视频点播的功能。不过,Roku Box 并不是支持在电视上观看 Netflix 视频的唯一产品,微软的 Xbox 360、索尼的 PlayStation 3、任天堂的 Wii 等这些耳熟能详的家用游戏机也支持 Netflix。后来,连索尼内置上网功能的 BRAVIA TV、在美国占领相当市场的 Vizio TV、三星电子和 LG 电子的蓝光播放器、TiVo 这类家用数码录像机(PVR,Personal Video Recorder)甚至 Broadcom 的平板芯片都内置了这种功能。最近,在 iPad 的带动下,iPhone、iPod 等产品也相继出现了支持 Netflix 的应用,只要用户下载安装了 Netflix 软件就可以直接欣赏视频。那么,究竟是什么原因促使这么多的制造商突然之间将 Netflix 安装在自家产品或服务之中呢?Netflix 和制造商们各自想要的又是什么呢?

Netflix 的 CEO 里德·哈斯廷斯冷静而大胆地在阵前指挥着企业的运作,他在 2009 年末的《连线》杂志中说过这样一段话:"几年之内,连接互联网的消费者家电产品全都将包含 Netflix 服务。"里德·哈斯廷斯开发了现在 Roku Box 的原型之后,立即改变了 Netflix 的战略方向,不再直接生产与电视相连的机顶盒,而是树立了在所有消费家电上搭载 Netflix 服务的远大战略目标。他先示范性地与微软合作,让用户可以在 Xbox 360 的直播服务中使用 Netflix,到 2008 年年底用户数已经超过 100 万,超额完成了预期目标。受到鼓舞的微软在 Vista 的媒体中心功能中连接了 Netflix,让 Vista 用户也可以通过 Netflix 观赏视频。截至 2009 年底,市场上支持 Netflix 的消费家电就达到了 1000 万台。之所以短期内能够设置如此之多的终端,是因为 Netflix 已经以应用软件的形式内置在客户拥有的消费家电的在线服务中了。以 2010 年 7 月为准,注册 Netflix 的 1500 万人中有 61%左右都在使用在线视频点播,而根据 TDG 2010 年的调查,观赏视频点播的Netflix用户中有一半以上不仅在电脑上、还在电视上观看电影。通过电视看视频的Netflix用户多一方面意味着Netflix本身对用户需求的了解，同时也意味着竞争公司必须能够提供相应的电视服务才能与之竞争。

与大获成功的消费家电相连

经过这些多样化的尝试，Netflix的净利润激增了2倍左右，这个结果充分证明了里德·哈斯廷斯"把Netflix服务搭载到与电视连接的消费家电上"这一战略方向的正确性。内置Netflix的消费家电在吸引客户方面也发挥着重要作用，专家认为，每4名新注册者中就有1名是由消费家电连接而来的。随着Netflix对诺基亚手机的支持以及对市场中苹果iPad、iPhone、iPod touch等产品的支持，这个数字还会继续增长。在吸引客户及防止客户流失这两方面，消费家电功不可没。Netflix当初决定通过消费家电提供视频点播，是为了让用户不必繁琐地开启电脑，通过与电视相连的游戏机或DVD播放机直接观赏电影，提供了对用户来说最方便快捷的电影观赏方式。

索尼、三星电子等消费家电制造商开始搭载Netflix之时，Netflix的注册人数已经超过了750万。也许初期制造商是受到了注册人数的吸引，不过，Netflix还给予了他们一个更加直接而独特的刺激，那就是用户通过其消费家电的渠道注册成为Netflix会员后，Netflix会向该制造商支付一定金额的奖励。为了确保电影等视频内容的数量，Netflix还聪明地绕过了电影公司，直接与有线电视公司和出售电影播放权的企业进行协商，比如，和索尼旗下的Starz直接签订了协约。

回顾Netflix的三大平台战略

大体上来说，Netflix的成功依赖三个有效的战略。第一，将收费的录像带配送服务与1万部以上的DVD免费视频绝妙地结合起来，向客户提供实用的价值。但是，从长远来说离线DVD市场终将消失，所以Netflix

对在线服务表现出越来越多的兴趣。第二，在消费家电上内置 Netflix，取得热门电影和电视剧的播放权，让用户可以随时在电脑、电视、智能手机等上观赏想看的影片。这是向电影播放权所有者和消费家电制造商提出符合各自利益的方案之后才实现的。第三，为了吸引客户，Netflix 与网站和终端企业运营合作项目，开放主要 API，鼓励开发者主动研发 Netflix 相关应用。

Netflix 令亚马逊或苹果这些企业很难模仿的，是其通过月租把消费家电制造商变成像手机代理店一样的零售系统。因为不仅"按件支付"的方式很难转变为月租方式，而且像 Netflix 那样为用户提供免费视频流的同时，还对消费家电制造商给予利益的刺激做法更难实现。可是，在美国，Netflix 却已经在大部分与电视连接的游戏机、DVD 播放机及电脑和智能手机上提供该服务了，这个趋势还会继续加强，因此后起之秀只能望其项背。

第四章

平台竞争大事记

企业间的平台竞争如同占地为王的霸主们之间的战争，给这种竞争又添一把火的是移动互联时代的模式变化。伴随着移动时代的到来，位置信息、搜索、广告等领域都无一例外地被平台企业的淘金热所充斥。

　　虽然众多的利基企业和新生企业都企图扭转游戏局势，但平台巨头们制定的游戏规则却越来越深刻地影响着市场。对消费者来说，平台企业的这种竞争是值得高兴的，因为竞争不仅能让价格下降，还能诞生创新性的产品。

进入网络的要道——浏览器

在提姆·伯纳斯-李发明 Web 之初,浏览器就是查看网络文档的窗口。只要将文档上传至连接世界各地互联网的服务器上,就会生成各自的链接地址,人们通过访问这些地址在浏览器中查看文档。这在今天固然不足为奇,然而在 20 世纪 90 年代中期,在自己家中就能打开地球另一边某人上传的文档,这是震撼人心的事情。

微软支配的浏览器市场

关于网景和微软围绕网络浏览器所展开的战争,我们在前文已经谈过了。对出售电脑桌面操作系统的微软来说,不使用 Windows 系统也能打开网络文档和浏览器是令人不愉快的事情。浏览器是网络行业标准竞争之一,当时网络标准概念非常陌生,网景和微软都不断地添加各自的非标准化功能。有人曾描述,这两个企业围绕着浏览器功能的添加展开了速度竞赛，即便是为漏洞打补丁也要在功能添加的表象之下暗中进行。微软与其说是依靠功能的胜利，不如说是利用操作系统基础上的捆绑战略打败了网景，持续统治浏览器市场长达 10 余年。

在微软的垄断期间，除了生产不支持微软 IE 浏览器的 Mac 电脑的苹果和制作运行于手机、便携式游戏机等设备上的迷你浏览器的企业之外，几乎没有别的企业制作网络浏览器，因为依靠浏览器对抗提供免费浏览器的微软是无法获得收益的。

重新涉足浏览器市场的企业的用意

微软看似永恒的浏览器垄断体系几年前开始遭遇竞争者，市场逐渐演变成一个多元的体系。近年来，从网景浏览器系列衍生而来的 Firefox、谷歌的 Chrome 和苹果的 Safari 等浏览器市场占有率逐步上升。浏览器的运营不但很难盈利，而且必须不断投入大量资金以适应不断发展的网络技术。并且，浏览器的多归属成本和转换成本并不高，用户即便一直使用着 A 浏览器，中途也可以轻易地换成 B 浏览器，同时使用多个浏览器的用户也不在少数，这就让平台稳固用户变得困难，使浏览器运营企业始终处于一个竞争的状态。

微软之所以可以在难以稳固用户的浏览器市场长盛不衰，要归功于在 Windows 操作系统上捆绑浏览器的策略，因为用户大都倾向于使用第一个安装的浏览器，而不一定要再去下载一个来使用。微软浏览器的全球市场占有率在 2004 年前后达到了 95%。

既然如此，其他企业为什么要涉足这个低收益的浏览器运营事业呢？首先是来自于浏览器垄断体系产生的反作用。谷歌的大部分服务由于都要通过网络浏览器才能实现，自然不能完全依赖于竞争对手微软的浏览器。由于微软中断了对 Mac 用浏览器的支持，苹果也不得不开发自己的浏览器。而网景之所以能够依靠非营利性组织重生为 Firefox，也是得力于立志打破浏览器垄断体系的开发者团队的支持。最终的关键还是微软本身的病根。实际上，当浏览器垄断体系形成以后，网络相关标准的发展变得迟缓，微软在缺乏竞争者的状况下疏于投资，浏览器占有率依赖于 Windows 操作系统的影响力。新的竞争者在开发方式上利用开源社区降低了浏览器研发经费，成功地使持续创新成为可能。

浏览器竞争日益激烈的另一个重要原因与 Web 标准有关，因为 Web 正在越来越应用化和媒体化。过去，浏览器只是用来单纯地查看 Web 文档，如今却在网络广告、游戏和视频等方面发挥了更大的影响力。趁微软懈于浏览器投资之机获得了最大反射利益的企业之一就是制作 Flash 的 Adobe。Flash 在前面提到的多媒体广告、游戏和在线视频市场中确立了相当大的占有率，聪明的 Adobe 以补助形式免费提供 Flash 的同时，又从其他领域获得了大量收益。

例如，Adobe 虽然免费提供查看 Flash 的程序，但制作 Flash 的软件却要求付费购买。在在线视频方面，Adobe 将视频传输服务器租给内容分发网络（content delivery network, CDN）运营商，根据传输量收取相应费用。由于 Flash 在线视频的市场占有率很高，CDN 运营商向视频服务企业提供的综合服务都使用 Adobe。自 2008 年起，随着每 1GB 的视频传输量费用从 5 美分大幅降到了 1 美分，Flash 在线视频普及率更是大大提高。

浏览器操作系统化的意义

对浏览器运营商来说，Web 的应用化和媒体化带来的又一个机会是，浏览器本身成为一个操作系统的可能性大大增高了。事实上，近来浏览器运营商们也在竞相利用电脑硬件的性能，在浏览器上搭载最快的应用程序运行引擎。如今，企业为消费者演示新的浏览器时，运行 3D 射击游戏、动画或视频等已经是基本环节。浏览器正在变成操作系统，这对微软来说意义非同寻常，因为它会对 Windows 销售产生影响。浏览器的免费已经是市场的定规，倘若在此基础上又赋予其操作系统那样强大的功能，那么将来一旦浏览器可以供 Mac-OS 或 Linux 等其他操作系统使用，就可能对 Windows 操作系统的销售产生负面影响。更何况，将来会有更多的电脑软件转变为运行于浏览器上的 Web 应用。微软发布的 Internet Explorer 9 就是以 Windows 7 和 Vista 操作系统为基础。

相反，苹果、谷歌和开发了 Firefox 的 Mozilla 基金等则采取了更加自由的方式，如果浏览器扮演了操作系统的角色，就可以通过支持其他操作系统来间接确保市场占有率的提升。由于不是市场的支配型企业，所以这项措施对他们而言是可行的。浏览器市场的变化之所以加快，源于手机市场成长带来的苹果和谷歌的飞跃式发展。预装在苹果 iPhone 上的 Safari 浏览器和谷歌安卓手机的 Chrome 浏览器的占有率上升是理所当然的，尤其在 iPad、Galaxy Tab 这类平板电脑市场中也都使用上述浏览器，非 Windows 系列的上网本市场也是一样。如今，企业在手机操作系统市场中的占有率对其浏览器占有率的影响越来越大，并且市场以相应浏览器标榜的 Web 标准为中心移动，这种格局的形成不言而喻。

上述 Web 标准的中心即第二代 Web 标准语言 HTML5 技术。我们可以把它看作强化应用和媒体功能的新标准。如今，苹果、谷歌等已经在 WebKit 这个共同的浏览器引擎的基础上支持 HTML5，微软也无可奈何地顺应了时代的潮流。不过，关于标准化，微软将来是否会再次上演一贯采取的战略立场，还需继续观望。

消费者方面的预期变化

浏览器具备媒体和应用程序的功能对消费者来说又有什么意义呢？将来，人们打开浏览器运行某个程序的概率会越来越高。虽然现在的 Flash 已经在部分领域发挥了类似的作用，可一旦 Web 标准定义的功能得到强化，开发商可发挥的空间就会大大拓宽，现有桌面软件的许多部分都可转变为运行于浏览器上的 Web 应用。同时，本地文件将不再保存，用户输入的信息或文档等可直接保存于 Web 空间，因为使用的 Web 应用，已与网络保持连接的状态。从这个角度上看，现有基于 Web 的服务将来有可能会分化为数据处理和应用界面这两个领域。现在 iPhone 等设备上的手机应用虽然不是 Web 应用，却也已经显现出了类似的趋势。

由于 Web 指向的是一个跨平台应用，所以用户用在 Windows 上的 Web 应用也可以用在苹果的 iPad 或谷歌的平板电脑上。尤其是 Photo Shop 或 Office 这些软件，即使以 Web 应用的形式被购买，仍可用于 Windows、Mac、Linux 等其他操作系统上，用户无需重复购买或只需支付很少费用即可。也就是说，市场将向与操作系统无关的所谓综合授权许可体系发展。

此外，消费者在使用多种机器时可以拥有相似的用户体验。虽然目前苹果和谷歌制作的操作系统也提供部分相似功能，但将来被新型智能家电将会迎来鼎盛期，尤其是那些不以生产为中心、而以消费为中心的智能家电，浏览器的动能将更强大。最后，既然浏览器就是操作系统了，Windows 系统的支配力就极大程度被弱化。只要浏览器符合 Web 标准且性能优越，对消费者来说，操作系统就变成了一个相对次要的问题。

移动的核心——位置信息

最初用于军事目的的卫星导航设备 GPS 如今已普及到了民间，打开电视购物频道，车载导航仪的广告就扑面而来。具备导航功能的手机已不是新鲜产物，最近就有报道称搭载导航仪的手机已超过 2 亿台。在今天，以用户的位置信息为基础提供的服务已经被充分开发出来了。

企业运用位置信息的努力

在所有位置信息服务中,不能不提的就是谷歌地图。现在微软也开发了必应地图,试图在搜索领域之外的地图服务领域与谷歌一决高下。这些免费地图服务将整个地球表述为一张大地图上各具意义的空间,通过这种服务,我们可以标示出某地区的待售房产、口碑餐厅、会议场所或移动路线等。

也有人试图把这个空间用作游戏平台,其中 Foursquare 就是先锋。智能手机的热潮正好成了 Foursquare 成功的导火索,因为 iPhone 和安卓手机里预置了卫星导航装置。宽大的屏幕尺寸、高速的网络、社交网络的扩散与卫星导航装置结合起来,形成了一个独立的服务种类,为 Foursquare 创造了吸引人眼球的绝佳环境。

获知用户位置的方式不止卫星导航装置一种。由于卫星导航装置具有不能在室内和地下使用的缺点,在精确度方面也有 5 米以上的误差,所以近来人们尝试把互联网中继器的位置数据化后进行三角测量的方法。这样一来,当用户在室内或地下时,导航设备也能获知用户的位置信息。但是,掌握无线网络中继器的位置无疑需要大量时间和精力,且必须由专业机构进行操作,除此之外,我们还可利用手机移动通信中继器的位置或用户电脑分配的 IP 地址。唯一的区别只是室内与室外用途的差异以及位置信息精确度的差异而已。那么目前用户就只能知道某人在地图上所处的经纬度吗?当然不是,我们也能获知到达某地的路径或感兴趣的某座建筑物的信息。

车载导航软件的免费之风

2010 年前后,车载导航仪企业纷纷卷入激流之中。始作俑者就是谷歌,它于 2009 年末发表一项声明,表示将向部分国家的安卓手机用户提供免费的导航软件。谷歌宣布将中止一直以来与世界第一大地图和道路信息服务商 Navteq 的合作，直接向用户提供道路信息。此举惊动了收购 Navteq 的手机制造商诺基亚，诺基亚被迫宣布从 2010 年 1 月起也对诺基亚手机用户提供免费的 Ovi Map 服务。Ovi Map 当然也提供导航功能。

这两者的意图不尽相同，谷歌是想在用户使用安卓手机导航功能时刊载地区广告，诺基亚则是为了增加手机销量而捆绑 Ovi Map。这些功能的发展趋势都是以接口形式提供，由第三方开发者在新的服务上添加地图或导航功能。

以地区为中心重组内容

位置信息除了道路信息以外，还可与场所相关的时间、天气、周边建筑或促销活动、新闻等结合起来，发挥核心作用。最近备受瞩目的一家公司是 SimpleGeo。据说该公司创始人的原意是制作手机游戏，但当需要位置信息的时候，却发现很难获得有价值的内容。后来，该公司干脆将经营重心转移到构筑基于地理位置的有价信息上，开始向第三方开发者提供特定位置的国情、天气、人口统计信息甚至地区广告或周边地区的有价值信息，还贴上了"终生免费"这样一个醒目的标签。如今，人们对位置信息的关注已渐渐地发展到了周边餐饮搜索、道路信息、建筑物和人口统计等方面，位置信息成了一个在 Web 上反映真实世界的强有力手段。

例如，我们以纽约为背景构筑虚拟游戏帝国，当纽约下雪之时，游戏中也下雪，纽约的税收增加，游戏中的资源也随之丰富，这就缩小了现实与网络之间的距离。将来人们在门户网站中搜索首尔的图片时，如果首尔正在下雨，页面上方就会显示首尔的雨景照片搜索结果；如果是阳春三月，就会显示人们游玩、赏樱花的照片。这就是一个将反映现实世界的内容积极运用于服务之上的范例。

位置信息与新闻或促销信息的结合也在悄然试行。如前文提到的

Foursquare 就和 Metro 新闻社合作，当用户使用 Foursquare 在某地签到后，就会收到相关场所或附近发生的新闻。地区相关新闻的提供非常具有现场感，传播能力也强，当签到建筑有崩塌危险或附近发生案件、事故之时尤为如此。不过，更商业化的用途还是提供附近的演出或限时促销活动等信息，不仅消费者感兴趣，提供商也能从中获益。

Facebook 和 Twitter 正尝试在现有社交网络平台上结合位置信息的方法。Twitter 用户在写微博时，系统会使用用户的位置信息自动添加城市名，以诸如"@Seoul"这种形式显示给其他用户。据说根据位置信息提供的用户可能感兴趣的建筑物或地区信息将来还会更加详细。Twitter 为此还收购了 Mixer lab，Facebook 也推出了发表文章时包含位置信息的 Place 服务。

以上两个企业的共同点就是他们都像 Foursquare 一样，允许用户从第三方服务向 Facebook 和 Twitter 传输文章时包含位置信息。这样做的好处是第三方开发者可以构建符合自身服务的信息，企业也在位置信息市场中从竞争关系转变为互惠关系。当然，获利最多的还是拥有大规模平台基础的 Facebook 类企业。

位置信息的营销用途

位置信息与 Twitter、Facebook 等平台的连接和流通对市场营销又意味着什么呢？首先是让基于地区的实时交易（Deal）成为了可能。餐馆、服装城、百货商店等地区企业刊登的广告可以更简单地自动呈现给在当地的消费者，最近还出现了从单纯的广告扩展到购物券、优惠券、代金券等多样化的发展趋势。

有一个叫 ShopKick 的手机软件，安装该软件后，用户只要走进百思买（BestBuy）这类商场，软件就会自动下载优惠券或显示促销信息。如果用户使用手机摄像头拍下商场里的商品条形码，还可享受购物后的补偿。如果说过去的主流是用户"抽取"（Pull）附近位置的信息，那么如今，在用户的当前位置和喜好等基础上适时"推送"(Push)信息的推广模式已经粉墨登场。倘若在位置信息之上再结合客户的喜好、年龄、性别等特征信息，推广效果无疑会加倍。在这个领域，世界上再也没有像Facebook这样拥有大量优质信息的地方了，这也是众多专家高度评价Facebook作为一个基于位置信息的交易平台的原因。

另一个有意义的进步是收集和分析针对地区商品的喜好、评价等信息。在前文，我已经提到Twitter正在试行将多如牛毛的用户评论和资讯经过分析转化为有价值信息。这种提取某产品的用户评论或喜好的尝试已经获得了一定成效，只要在此基础上结合地区信息，即可掌握特定地区消费者对产品的喜好特征。例如，三星电子可在3D立体电视上市后，针对北美、欧洲和亚洲几个大区域分不同城市和地区观察消费者的反应。过去要进行如此精细的调查必然要投入大量的时间、金钱，但现在却可以节约、简单又高效地进行。

在众多利用用户评论生成有价值信息的尝试中，一个有趣的案例就是谷歌提供的"流感趋势"(Flu Trends)服务，它在世界地图上向人们展示全世界流感疫情的蔓延状况。谷歌是如何实时获知此项信息的呢？秘诀就是分地区统计人们在谷歌上输入"流感"的次数。根据谷歌调查，在搜索窗口输入"流感"的次数和流感爆发频率成正比，这在相关论文中也有论述，还是值得一信的。

虽然对消费者来说，这种对位置信息的利用潜藏着个人隐私被侵犯的隐忧，但由于它采用的是在用户许可的前提下使用"选择性加入"(Opt-In)的方式，其负面作用看来没有那么大。这种基于地区的信息结构化可能带来的另一个好处，就是更容易以地区为中心获得信息。如在Twitter上，人们的关注点可能会从某个个人转向某个地区，这样一来，人们生产的信息就能更有效地、直观地体现该地区的现场感。从消费者角度来看，这种位置信息的提供会和近来大肆流行的团购形式(Social Commerce)连接起来,即在限时性和地区商品供给方面,消费者更容易找到自己所处位置附近的商品促销活动、代金券、折扣券等交易信息。当然,如何才能较好地区分并过滤掉垃圾信息也是重要的问题。

谷歌把主管搜索部门的玛丽莎·梅耶尔调到了主管地区相关事务的地区(Local)部门。这个举动暗示了地区服务已经跃升为谷歌的核心事务。用户使用谷歌搜索时会发现一个微妙的变化,那就是结果页面比以往更多地显示地图搜索结果,由此可知"地区"这个主题词已经开始产生广泛的影响了。

潜在的货币制造者——广告

广告是目前电视、广播、报纸等媒体产业收益模型的支柱。虽然免费收看电视节目或收听广播在今天已经习以为常,然而广告植入这些领域实际曾花费了相当长的时间。一开始不仅媒体产业很难确保能引起广告客户兴趣的广告规模,初期有能力购买昂贵的电视机或收音机的消费者也很抗拒广告的植入。从广告客户和消费者的角度出发,广告通常是最后才考虑采用的收益模型。

广告在平台中的意义

广告所具有的一大意义就是无论广告植入何种市场,都会把该市场从单边市场转化为双边市场。即便是产品销售商,一旦收益模型转变为以广告为中心,也要遵循双边市场的规则,因为只有同时满足了广告客户和产品客户两个客户群,才能实现广告的收益。广告因而促进了许多企业的平台化,尤其是现在,企业已经深陷难以吸引消费者注意力的多品种大规模生产时代，宣传和营销对企业生死的决定作用早已不亚于产品本身的品质。也就是说，广告已经变得越来越重要。

一直以来，大公司都采取直接运营广告网络或委托代理广告的方式来吸引客户，不过，如今小公司和普通人也可以很容易地运用广告模型了。一方面企业可以利用谷歌或国内门户网站提供的搜索广告服务，购买特定关键词，在对应的用户搜索结果中显示企业的网站地址。另一方面，企业可以参与谷歌的广告联盟服务，与谷歌分享访问者点击广告时发生的广告收益。这就形成了一个付费登载广告的一方与向客户显示所登广告的一方共赢的系统。

除了谷歌、雅虎这类媒体广告外，还有亚马逊这种付给商品合作销售手续费的形式。外部网站只要刊载亚马逊商品信息，当实际购买发生后，亚马逊就会将部分收益分予合作网站。这个过程只不过由于"购买"这一用户行为而变得更具体了，实际仍属于合作销售，是广告的一种。

新媒体对广告市场的影响力正在提升

根据摩根士丹利等主要投资公司的报告，人们的主要消费媒体正逐渐从电视等传统媒体过渡到Web代表的新媒体。尽管使用频率较高，但新媒体在广告单价上还不及传统媒体。不过从长远来看，新媒体对传统媒体广告市场的蚕食已经不可逆转，因为不仅过去只有电视、没有网络的发展中国家正在逐步普及宽带网，现在的智能手机这类媒体机器上也能使用Web，尤其不能轻视网络广告的形式朝着在线视频或互动剧情的形式转变这一媒体化发展趋势。

新媒体广告的代表企业是谷歌。谷歌对传统媒体核心收益的广告市场的蚕食早已引起电视台和报社的警惕。它不仅垄断了全世界搜索广告市场份额的63%，还拥有登载广播或报纸广告的平台。如果说传统媒体主要以一定秒数、一定面积为条件来吸引大企业的广告，那么谷歌就是将时间和空间解剖为更小的单位卖给小型企业。但是，不同于开放型网络的传统媒体在感受到谷歌的威胁后，不可能欢迎谷歌的这种做法，所以，谷歌在不亲身涉足传统媒体或不与传统媒体开展强势合作的情况下很难获得成功。

新媒体本身也在向着新的维度不断拓展。比如，在现有的网络市场上，进一步拓展通过手机和智能电视将用户的媒体消费时间与广告衔接起来的形式。这也是谷歌研发安卓手机操作系统和 Google TV 的真正原因。手机搜索广告市场预计在未来的 4 年中会继续成长近 4 倍，目前已有 15% 的谷歌搜索流量由智能手机这类移动设备产生。尽管手机的广告收益还不到搜索广告总收益的四分之一，但这个数值肯定会日益升高。

之所以能有这种预期，原因还不只在于搜索流量的增加。由广告客户直接运营的手机网站会大幅增多，在这些网站上可以进行商品购买或会员注册等有意义的行为。只要确保了广告投资和相等程度的收益之间的畅通，广告客户就没有理由拒绝这种新形式。

新媒体困境：社交网络导致的广告单价下降

如今 Facebook 已经在两个方面对互联网广告产生了巨大影响，其一是大量的页面点击数，其二是精确的定位广告形式。先谈谈页面点击数。虽然目前谷歌在月访问量方面荣居榜首，但 Facebook 却一直紧随其后，并且两者之间的差距正在快速缩短，预计到了 2013 年 Facebook 就可追上谷歌，同时达到 12 亿的数值。现在的 Facebook 访问量比 2009 年增加了近 2 倍，同一时间内谷歌却没能实现同等的增加，可见 Facebook 在吸引用户的速度上超过了谷歌。

Facebook 和谷歌的一个重要区别，就是 Facebook 的用户会在网站里进行各项活动，而谷歌的用户在得到搜索结果后往往会立刻离开。Facebook 相当高的页面浏览量（Page View）也能充分证明用户在 Facebook 上的活跃程度。Facebook 目前的访问量超过了 8 亿人次，50% 的用户每天登陆，美国每 2 个成年人中就有 1 人拥有 Facebook 账户，全球 13 人中就有 1 人是 Facebook 会员，这个数字相当可观。

比这还令人吃惊的是页面浏览量。Facebook 的浏览量达到 1 万亿次，比浏览量排名第二的 YouTube 高了 10 倍，比另一个社交服务 Twitter 高 100 倍。虽然由于社交网站用户之间的交流活跃，浏览量高于普通服务很正常，但 Facebook 的这个数值却实在非同一般。

如果把包括 Facebook 在内的社交网络服务的高浏览量用在广告上，其成本肯定较低。简单地说，浏览量本身其实就是一种服务于广告的资源，这种资源极大地丰富之后，每一次浏览所产生的广告成本就会随之降低，这是一种无法储存和提取的挥发性资源，运用在广告上是再合适不过了。不过就其外部效果来说，企业仍然可能蒙受损失，所以运营商必须针对不同广告客户分别协商广告费。这其中，以广告条形式维持网站收益的雅虎和运营 MSN 的微软就是代表性企业。

负责微软美国区事务的基思·洛瑞兹奥认为，Facebook 类社交服务带来的广告降价已经迫在眉睫。他在接受《广告时代》访问时说："社交网络对刊载广告收取的费用低廉，这一点对所有人都构成了威胁。他们越是降低 CPM（cost per mille，千人成本），就越是将广告代理公司置于极艰难的困境之中。"

像谷歌那种显示在搜索结果中的广告，只有用户点击后才支付广告费，所以面临的问题可能相对较少，但谷歌同样也无法逃离广告费降低的压力。谷歌新推出的"即时搜索"（instant search）也是基于这种担忧而开发的。"即时搜索"就是，用户在谷歌搜索窗口输入关键词时，谷歌自动推断用户意图，在文字输入的同时即时显示搜索结果。这对输入完整词汇后点击搜索按钮才能查看结果的用户来说，是一个崭新的功能。通过提高用户方便性，在输入词汇时即时显示搜索结果，谷歌提出了一种叫做"偶然发现的乐趣"（serendipity）的概念。当然，我们完全可以猜测谷歌此项举措的意图绝非单单为了提升用户价值。

假设用户输入的关键词字数为 10 个,那么谷歌即时搜索服务结果的处理量就会增至 10 倍以上。谷歌在如此巨大的资金投入之下瞄准的正是广告收益的大幅提升。现在,不论是通过即时搜索显示广告,还是用户点击搜索按键或广告链接,抑或输入关键词后停顿 3 秒以上,都无一例外地会产生广告费用。也就是说,用户输入关键词的过程中只要稍一分神,广告客户就要为即刻显示出的广告支付费用。从谷歌原有的精准连接广告与目标客户的优点上来说,这种方式存在些许问题,不过广告客户还是可以享受到 3 秒的免费广告大餐,因而也不能全盘予以否定,前提是有用户可以在 3 秒内阅读广告并记下网站地址。从谷歌的角度出发,为了刺激受 Facebook 等网站冲击的页面浏览量的增加,以便应对必然到来的广告降价压力,推出即时搜索这项服务还是妥当的。

Facebook 广告的优点不限于海量的页面浏览量。在这个网站上充满了诸如个人居所、工作地点、年龄、性别、关注事件、主要使用语言等丰富多样的用户信息,而这些都能为广告客户所用,使其集中火力针对符合自身产品特点的用户群体。譬如,某公司要宣传即将推出的某项服务,该服务与运动有关,消费者调查显示该服务受 20~30 岁女性的欢迎。假如要在美国市场投入此项服务,这间公司可以利用 Facebook 实现多精确的客户定位呢?它只要将对象设定为登录 Facebook 的 20~30 岁女性,将关注事件设定为"运动"(fitness),再把目标客户语言设置为英语,目标客户就生成了。企业还可进一步按照已婚或未婚、大学毕业或在读等条件继续筛选。通过这种高精度定位,可以实现广告效果的最大化。

谷歌广告的基本形式是把广告内容与用户进行搜索时想要解决的问题、获得的信息相关联。Facebook 在这种即时性上稍显不足,但却具有吸引广告客户针对特定目标群体展开明确市场营销的魅力。尽管最初通过谷歌进入亚马逊网站的用户数是通过 Facebook 进入的 2 倍多,但 Facebook

在不到一年的时间里就增长了 4 倍左右，同一时间来自谷歌的流量反而减少了。这个数据虽然并不是单就广告媒介而言的，但至少也说明了在广告业务上外部网站日益增强的影响力。

此外，谷歌也无法在显示广告（display advertising）市场发挥它在搜索广告市场中那样的影响力，而由 Facebook 主导的广告价格战不久就会从这个领域蔓延到搜索广告市场。

跨越大宗广告的定位广告时代

根据 Facebook 上丰富的用户信息，针对目标客户群投放广告的方式无疑会受到市场营销方面的欢迎，尤其是在全球范围内销售产品和服务的公司，因为 8 亿以上的世界人口由同一个服务连接起来后，其中的产品和服务推荐也必然活跃。Facebook 用户除了手动输入明确的个人信息外，还可使用 Like 功能分享自己在日常生活中关注的问题和具体喜好。分析并将这些数据运用于市场营销中只不过是时间的问题。亚马逊早已根据商品购买历史向用户推荐相关商品信息。Facebook 自然也没有理由不把这些用户的喜好信息连接到广告或其他服务上，只要以"匿名"为包装，就不太会触及侵犯用户隐私的问题。

Twitter 正通过"社会影响力"或"分数评定"在不同的行业领域对用户进行排名，并试图将这种排名利用起来。现阶段依靠 Klout 等公司试行的这种排名，最终将广泛地运用到以特定客户群为对象的"优秀客户营销"中。这里"优秀客户"不限于购买力强大的富裕阶层，同时包括能够最大化某些产品、服务或品牌市场效应的有影响力的人群。这种优秀客户营销变得如此重要，就是因为社交网络的存在使这些人的言论对消费者造成了深刻的影响。社交网络的特性就是让单纯的言论从一次性完结的行为变成可扩大再生产的对象，这对企业来说不得不引起重视。

另外，找寻"谁才是公司的优秀客户"的问题已经实现了技术层面的突破。随着社交网络的用户日益增多,用以判断网络影响力的各种信息不断生成,社会影响力指数将日趋定量化。虽然过去企业也可以千方百计地找来专家排名和富豪榜,但想在普通人中搜寻与企业有关、又有很高社会影响力的人如同大海捞针一般困难,而现在获得这类信息的效率已经变得很高了。

挖掘人们的社会影响力

很多人都把 Twitter 视为一个社交网络服务,但其实把它看作信息与消息流通网络更为准确。帮助管理好友关系的 Facebook 与非好友关系也可互相关注和订阅信息的 Twitter 在性质上不尽相同。Twitter 本身带有博客的属性,更何况创立 Twitter 的 Odeo 原本就是一家运营个人媒体流通服务的公司。

试想如果我们在微博上关注什么人的选择权不在己方、而在对方身上,情况会变成怎样?比方说,我无法自行设置关注洪吉童,只能由洪吉童选择加我为粉丝。有趣的是,由于 Twitter 的某些漏洞,类似的情况曾实际发生过。在 Twitter 上发文时,洪吉童只要写上"@金某",金某就会在不知情的状况下成为洪吉童的粉丝。知道人们发现这个漏洞时做的第一件事是什么吗?就是把比尔·盖茨、巴拉克·奥巴马这些名人加为自己的粉丝,人们认为受到名人关注这件事非同小可,可以提升自己在 Twitter 上的名气。

漏洞爆出后,Twitter 立即予以修正,花了九牛二虎之力才把名人们在不知情的状况下激增的关注者数目恢复原样。虽然只是偶发事件,但它反映出的 Twitter 粉丝的社会意义却发人深省。虽说交流具有双向性,但由信赖度和名声主导的单向性交流也普遍存在。国外曾有个拥有数万名粉丝的名人做了一个实验,他尝试关注一名普通女性,结果他的粉丝也蜂拥而至,该女性竟然名声大噪,连日常生活都发生了巨变。由此可知,Twitter 在信息系统之外还存在一个以名声为中心的社会系统。

如前所述，用户可以在 Twitter 上用加关注的形式订阅某人的微博和消息，如果他们认为某篇博文既重要又有意义，还可以使用转发功能使之在社会范围内产生更广泛的影响。近来，记者也为找寻新闻事件把目光纷纷投向 Twitter。这种独特构造就像利用 Web 链接为搜索结果排序一样，在人们 Twitter 活动的基础上为其社会影响力排序。

这个领域的一个前沿性服务就是 Klout 服务。用户只需登录该项服务，输入自己的 Twitter 账号，就可查看自己的社会影响力指数。Klout 上给出的社会影响力指数是将博文与博主相关联，综合判断博主对交际人群的影响力。Klout 计算指数时会考察 3 个大项，分别为博文是否真正被人们传阅、消息是否产生了连锁反应以及连接的网络是否足够重要。

举例来说，要了解自己写的博文是否有人看、有人喜欢，只需看有没有人收藏、回复或转发就行了。博主写的东西的连锁反应会体现为有多少人把该文转发给自己的粉丝。最后，当 Twitter 用户的社会影响力以这样的形式体现为指数后，再考察关注该用户或与他互发消息的其他用户的社会影响力，如果其他用户的影响力高，那么该用户自己的社会影响力指数也会随之提高。一言以蔽之，用户在 Twitter 上的人脉网络状况就是评判该用户社会影响力的标准。

那么，Klout 会把由此测得的数据运用于何处呢？答案是，用在了企业以优秀客户为对象开展的差别化营销上，即当做"优秀客户营销信息"来使用。对企业来说，Twitter 上关于企业或企业产品的评价在市场营销方面的作用越来越重大。因此，很多人都在研究如何在 Twitter 上吸引具有影响力的用户以便企业开展营销。Klout 社会影响力指数除了用在人气艺人或新闻焦点人物身上之外，还可用于在平凡人中寻找优秀客户营销的对象。Klout 为了测试这种营销的可行性，曾向社会影响力指数高的人提供星巴克的免费咖啡券，或与航空公司合作提供免费机票，方法是直接通过邮件联系当事人，允许他们无条件地免费参与活动。企业利用社会影响力指数来寻找客户，以便进行与优秀客户相联系的品牌管理，这种做法预计还会持续一段时间。

除了用于个别企业实验性活动用途的社会影响力，据 Twitter 的产品负责人埃文·威廉姆斯称，Twitter 还开发了信誉评分（seputation score）体系。信誉评分与前面提到的 Klout 社会影响力指数差异不大，但提供该应用的 Kred 强调评分体系参考因素的透明度，并将现实社会中的一些因素作为衡量依据。引入信誉评分后，有更多的人试图通过在 Twitter 上经营人脉网络和发表博文来博得人们的认可。然而，根据人们在 Twitter 上的信誉评分来确立排名的方法是否和谷歌在搜索引擎上显示网站排名一样合适，我们还要存疑。

信誉评分体系的引入，很可能会像谷歌网站那样加剧"贫益贫、富益富"的两极分化，也就是说，是否能出现在排行榜上决定了粉丝数的多少，由此形成的差距将日益拉大。而且"信誉评分"这个术语本身是否恰当也是需要考察的问题，因为人气和信誉往往不能同等看待。不过，在体现社会影响力方面，信誉评分还是受到普遍认可的。另外，将信誉评分与企业的客户营销挂钩也才刚开始。Klout 最近为 Twitter 之外的 Facebook 等社交网站也进行了社会影响力评定。假如用户同时使用 Twitter、Facebook 和 LinkedIn，就需要综合三者的信息来计算信誉分数。

自我推销的时代

不论是社会影响力指数，还是信誉评分，让别人给自己打分这件事不可能总是令人愉快的。在积极意义上，我们期待的是人们更加努力地进行自我推销。在网站领域，谷歌搜索引擎通过对网站上链接间关联性的考察评定，确定搜索结果的优先顺序。后来"搜索引擎优化"（Search Engine Optimization）还发展成了一个咨询领域，因为出现在谷歌搜索结果的第几页在很多时候直接关系着企业的成败。

如果想提高自己的社会影响力指数，固然需要加大在 Twitter 或 Facebook 上的活跃程度，但增加自己的粉丝和好友数量也会越来越重要。既然如此，是不是有可能像网站运营者为了出现在谷歌搜索结果中而加载广告那样，人们也会为自己打广告来吸引粉丝呢？事实上，的确产生了一批为 Twitter 用户或企业提供广告刊登的服务，其中之一就是 Post Up 服务。Post Up 通过 Widget 小工具以广告条的形式滚动显示 Twitter 用户或企业的博文或信息。这种方式和早先 Overture 公司在网站搜索结果中提供广告的情况类似，只不过当时的广告客户是网站，而现在是使用 Twitter 的企业和个人。更有趣的是，据说创立 Overture 的比尔·格罗斯后来经营的 Idealab 也在投资 Post Up。改变的只是时代和对象，机遇的形式仍相当类似。

尽管这类服务目前还只能在门户网站上实时搜索 Twitter 文章，但往后必将继续朝着根据人们的影响力大小自动排位显示文章的方向发展，还能以个人的专业或相关产业为中心更加精准地定位搜索结果。例如，制药公司想针对自己的客户采取优秀客户营销时，就可提取在医疗或健康领域社会影响力指数高的客户信息，以他们为对象集中展开营销活动。只要运用得当，这种方式会比以全体客户为对象的营销更有效，连锁反应也更强。

跃升为地区广告市场的烫手山芋

地区广告是智能手机时代的新生市场之一。如果在车载导航仪或游戏中使用了智能手机定位的位置信息，基于地区的广告就可以进行投放。地区广告和 Web 广告的最大区别就在于与用户位置的相关性。地区广告以用户当前所在的位置为中心显示广告目录，所以号召购买行为的"诉求力"（appeal power）就会很高。

目前地方报刊上登载的地区广告有相当一部分已被 Web 吸收，其中 Craigslist 就是这个领域的世界性先驱。它对全世界的所有地区广告都几乎不收取额外手续费或广告费，因而聚集了一大批用户。如果说 eBay 是与所有重要商业交易有关的大型拍卖网，那么 Craigslist 就是地区商业交易的小型网络。有趣的是，eBay 正在打算投资和收购 Craigslist。

如果 Craigslist 这个地区广告市场的王者与手机强强联合，那么造成的影响绝对不容小视。因智能手机的存在而变得智能化的地区广告不仅可以免去街头传单和广告条幅的麻烦形式，在为用户推荐附近的促销活动或商店信息方面也将展现出活力。在了解了某人的性别、年龄和喜好的情况下，地区广告能大大提升推荐的准确度。目前的社交网络上就存在着大量的用户基本信息和喜好特点，他们运用 Foursquare 的游戏概念公布用户经常造访的商场或建筑物，拜这些社交网络所赐，现在我们已经可以知道谁在造访了什么地方了。

如果有人常去我去过的一个地方，那么这些人去过的其他地方就很可能也是我喜欢的。这就是亚马逊推荐商品时所使用的方法。为人们推荐地点既可以降低反感度，又能有效地登出地区广告，只要效果好，广告客户就会接踵而至。其实，从游戏概念发展而来的 Foursquare 目前最关注的一个领域就是制作基于地点的推荐服务。就像在商品购买量排名第一的亚马逊上组建商品智能推荐引擎一样，人们最常签到的 Foursquare 服务也大可安放一个不输于亚马逊的地点推荐引擎。

谷歌曾试图收购团购网 Groupon，但遭到了拒绝。据说谷歌已经给出了迄今为止最高的收购额，为什么它如此迫切地收购 Groupon 呢？这是因为对于付钱给谷歌的众多企业来说，Groupon 是谷歌之外的又一个广告渠道。Groupon 网站上提供近 5 折优惠的商品，这在很大程度上显示了商品的广告效益。这种销售行为最终可能导致企业向谷歌支出的广告费降低。至于短期内成长起来的 Groupon 在拒绝谷歌的提案后是否还能长盛不衰、是否能体现出不同于另一个竞争者 Facebook 的特点，还有待进一步观察。

信息越多越进步——搜索

搜索在手机出现以前曾是最热门的词汇之一，因为使用搜索的广告市场已经进入了黄金时代，而且这个领域的王者谷歌还在市场中投放了大量免费而有破坏力的搜索捆绑服务。搜索领域的门槛相当高，不仅要求企业拥有精确而高速的搜索引擎来搜集海量的信息，在服务器运营方面也要投入相当规模的资金，尤其是 Web 网站快速增加，信息量急剧膨胀。谷歌开启搜索的黄金期后出现的许多利基搜索服务之所以昙花一现，原因也是如此。

谷歌搜索引擎的核心——网页排序算法借用的是论文中的参考体系。指向某个网站的链接如果被放在了另一个网站上，那么这个被链接的网站就相对重要。链接越多，包含这些链接的网站的访问量越多，被链接网站的重要程度就越高。于是，当系统认为网站比较重要的时候，该网站在谷歌搜索结果页面的排名就会上升。基于社会性算法建立的谷歌却在社交领域无法尽展所长，这倒是一个比较讽刺的结果。

搜索广告其实也包含社会性概念。越是人们经常输入的关键词，广告客户就越要花费高价去购买。当然，谷歌也会根据关键词本身具有的商业价值的不同，在广告客户之间以拍卖的形式来定价。譬如，用户每点击一次整形医院的广告，医院可能就需支付 1 万韩元[①]，高昂的客单价通过拍卖系统被直观地反映了出来。谷歌的搜索服务之所以拥有这么高的人气，来自社会层面的这种间接助力起到了很大的作用。随着 Facebook 等社交网

[①] 约合人民币 54.87 元。

站的日渐成长，谷歌越来越倾向于将人们的社会行为直接反映在搜索之中。

社交赋予搜索的实时化与个性化

将 Twitter 这类微博反映在搜索结果中的做法早已被谷歌及主要门户网站采用了，因为相对精确度来说，这种搜索结果在最新热点和趣味性上别具意义。前文中，我曾谈到 Facebook 与微软之间的友好关系为虚度光阴的微软提供了新的机遇，现在这种事情也发生在了搜索领域。现在，当我们使用必应搜索时，只要同时登录了 Facebook，好友们用 Like 功能分享的信息就会优先显示在搜索结果中。假设某人要去法国旅行，在搜索引擎中输入了"法国"两字，他的好友中如果有人分享了"法国卢浮宫"的相关旅游信息，这些信息就会出现在搜索结果里。这种改变预示着从搜索引擎自行提供网络信息的时代向优先提供好友推荐信息的个性化搜索时代的过度。

如今的搜索已经不再局限于搜索网站。用户搜索使用 Facebook 社交插件的网站时，好友们使用 Like 功能分享的该网站内容也会显示在一旁，并按照全体 Facebook 会员好评数量从高到低排序。

这种方式还可运用于用户在 Facebook 网站上进行关键词搜索。Facebook 与微软必应搜索合作，抢占社交搜索领域的优势，随着更多人搜集、发布、分享和添加更多的社交内容，社交搜索的价值也将更大。

谷歌在手机搜索领域屹立不倒的影响力

谷歌在 Web 搜索领域拥有近 70% 的全球市场占有率，这种影响力在手机搜索领域愈发扩张，最近有调查显示，谷歌的手机搜索市场占有率达到了 98% 以上。导致这种现状的主要原因是，安卓手机甚至最初的 iPhone 都普遍预置了谷歌的搜索引擎。尽管苹果已经不再情愿使用已与自己形成竞争关系的谷歌的搜索引擎，但却没有有效对策。如果一定要压缩谷歌的手机搜索市场占有率，iPhone可以选择为不同国家分别配置该国的热门搜索引擎的方式。例如，iPhone进入中、日、韩三国时，分别为三国的用户预置了百度、雅虎Japan和Naver的搜索引擎。但iPhone最大的市场还是在北美和欧洲，如果拒绝与这些市场中消费者喜爱的谷歌搜索合作，就不是聪明的选择，而且这也违背了苹果一向以单一模型面向全世界销售的原则。

苹果当初收购专业手机搜索公司Siri时，舆论一时哗然，认为苹果似乎立意要与谷歌在搜索领域正式展开对抗。但Siri在定位上是一种不同于谷歌的服务。与谷歌在海量信息的基础上不分领域地提供搜索结果的做法不同，Siri为用户分类提供餐饮、电影、促销等主题下的地区搜索结果。它允许用户输入语音命令，系统通过从话语中挑选重要的关键词，以上下文搜索的形式提供附近的电影票预订、餐馆推荐等信息。这是一个典型的利基型搜索服务。与其说这是苹果为了对抗谷歌而采取的战略，还不如说这是苹果为自己的个性化服务提供支持而采取的局部举措。

搜索平台化身大型Web应用贩卖机

拥有搜索平台的谷歌和微软最近不约而同地把目光投向了同一项业务，那就是代理第三方资源的托管服务（hosting service）。这项服务的运营基础是云技术，第三方服务商只要入驻谷歌这些公司的托管服务器，就可以随时按需购买资源，从而省下一大笔资金。如果亲自运营服务器，他们不仅需要考察访问流量的高峰时间段，还不得不购买使用期约为2年的昂贵服务器。而使用基于云技术的托管服务，相当于把服务放在了世界最大的服务器上，资源可随时添删，运营起来非常灵活。

之所以突然提到托管服务，是因为将来搜索引擎的结果页面不单会显示网页信息，同时还会提供可运行的Web应用。如，输入与旅游有关的"法国"一词，结果页面即显示机票和酒店预订的应用，用户可以直接在搜索页面进行操作。又如，以"巴黎"为关键词展开搜索，从法国登录的用户就会看到搭乘火车或公交的应用，从首尔登录的用户则会看到预订机票的应用。实际上，微软的必应搜索引擎已经导入了类似的概念。

可是，由搜索平台运营商亲自制作这些应用会很受限，因为这属于门户服务商的领域，搜索平台运营商的强项是搜集并显示用户最想获得的结果。所以，倘若将来的市场趋势转移到了 Web 应用上，搜索平台运营商可能会选择从第三方开发者那里获取应用，经过整理，再放到在搜索结果中。另外，搜索平台还需制定优化显示效果的样式指南（style guideline）及搜索结果和广告的显示比例，据此定义收益分配的关系。如果想让搜索得到的 Web 应用直接运行在搜索引擎上，那么保证相关服务的水平也就成了搜索平台运营商的分内之事。将来谷歌和微软都会加强对自己托管的 Web 应用服务的管理。

手机搜索环境催生的技术

使用智能手机的移动搜索具有以下几个局限，键盘输入不便，屏幕太小，数据加载，运算速度缓慢。但是它也有优点，就是附带摄像头和麦克风，可利用卫星导航装置获知当前位置。现在，我们对携带智能手机的人是在走路还是原地站立、附近的光线是明亮还是昏暗、面向的是东南西北哪个方向等信息都能了如指掌，有关用户周边状况的信息更是大大地丰富了。用户只需用摄像头拍下商店的招牌，即可查阅该商店的信息和顾客评价，甚至用户可以用语音代替文字搜索；站在当前位置将智能手机对着某个方向，即可查阅该方向的建筑物信息或 Twitter 上相关的文章。这些当初天马行空的构想不过两三年时间就变成人们日常生活的组成部分了。

Web 搜索就好比是强求算命先生仅凭一个词语猜出对方的心思一样，搜索引擎只能通过猜测用户输入关键词的意图来提供结果。如果用户输入的是多义词，那么字典上对该词的几个解释都会显示在搜索结果里。因此，用户必须输入足够的信息，使搜索引擎明白自己的意图，才能得到智能化的搜索结果。谷歌新近推出了一项叫做 HotPot 的服务，用户只需用智能手机抓取街头商店里张贴的海报，即可查阅商店信息和其他顾客评价。过去人们只能拍摄 2D 商品条形码，现在有了近距离识别技术，手机已经可以轻而易举地自动识别各种各样的信息。结合了多种探测器和识别技术的新型手机搜索把单一的关键词搜索转化成了多样化的用户体验。

支付也用平台

保证金钱流通的货币体系本来就是一个平台。货币的发展可分为黄金白银等金属货币阶段、作为支付凭证的支票阶段、纸币阶段以及最新的信用卡阶段。无论哪个发展阶段，为了保证金钱的流通性，付钱的人和卖东西的人都必须信赖统一的支付系统，并经常使用。信用卡出现之初，加盟店几乎不需要支付手续费，随着使用信用卡的顾客越来越多，信用卡变成了一种吸引顾客的手段，加盟店才开始缴纳手续费。

这种使用信用卡或现金的支付系统在互联网时代同样有效，只不过代理在线支付的公司产生，并且各公司在吸引加盟店方面存在差异。全球最大的拍卖市场 eBay 和在线商城亚马逊早已建立了各自的支付系统，正在加大商业化力度。特别是随着智能手机带来的移动支付的发展，支付市场成了开启另一种机遇的核心。人们纷纷猜测它究竟会开创一个新的渠道，还是在现行信用卡系统之上做大的改进。eBay 旗下的贝宝虽然在注册会员方面位居榜首，但其他企业的发展也非常迅速。现有的信用卡公司、银行、移动通信商、苹果和诺基亚等手机制造商、谷歌等手机操作系统运营商全都拥有这种市场潜力，并且都在不遗余力地发展此项业务。

人人金融时代的到来

"人人金融"是指个人与个人之间（P2P）进行价值交换的金融行为。它不仅包括买卖交易，还包括借贷和投资。银行以个人存折的形式为客户代理转账业务，信用卡公司则主要代理加盟商店、个人与企业之间的赊账交易。目前，个人之间的金钱交易主要有现金支付和银行转账两种方式，新兴的有赠送等值虚拟物品（如Q币）的方式。

如今的转账和信用卡结算发生了很大的变化。首先是可以不通过商店，直接进行个人对个人的信用交易，目前这项功能还仅限于国外一些国家。这个领域的领跑者之一就是Twitter创始人杰克·多尔西创立的Square公司。进行离线信用卡结算需要卡片识别终端，它的专业术语是"软件狗"（dongle）。Square公司为了让手机拥有信用卡终端的功能，在手机的耳机插座上装置了一个拇指指甲大小、可识别卡片的微型软件狗。Square自己充当示范性加盟店，支持单次约7万韩元①以内的交易。

我们举一个周末跳蚤市场二手物品买卖的例子来说明Square的应用。对于二手市场的淘客来说，尽管可以接受现金支付，但使用信用卡无疑会更方便。买方只需通过智能手机上连接的软件狗刷卡消费，并在智能手机上签名，将来就会以邮件形式收到支付收据。这种方法的出现刺激了非企业的个人信用交易的增加。现在，市面上已经出现了数个类似Square的产品，市场正处在加强安全措施、规范信用卡交易的阶段。这些迹象表明，将来的信用交易会从专业的商务用途拓展到个人小额交易领域。特别是Square等公司出台的这种先进的个人物品现场交易方案，它在某种程度上甚至会令eBay也紧张起来。

第二个变化发生在现金转账领域。以往通过银行电汇或操作网络银行

---

① 约合人民币384.1元。

的支付方式如今已逐渐发展到了使用智能手机转账的方式。尽管这种手机银行潜力巨大，但现阶段韩国的各家银行还未能统一标准，用户必须分别设置，使用起来十分不便，所以想普及还很困难。其实，国外的手机转账方法渊源已久，甚至不需要依赖智能手机银行这种先进技术。例如，假若我知道对方的电话号码，即可直接向他发送手机短信，将我的钱款转入对方账户。在非洲这种社会金融基础建设薄弱的地方，由于银行数量有限，手机转账甚至不需要通过银行的中转，直接由国营通信公司为手机用户建立虚拟账户，实现手机短信转账。

　　近来还出现了通过智能手机感应实现银行转账的服务，这原本是贝宝 iPhone 应用的功能。有趣的是，它还允许用户在餐桌上分摊餐费、在婚丧仪式上合并礼金等。这些交易行为不再局限于个人对个人的转账交易，而以个人或团体形式的分摊消费为亮点。人人金融还在借贷领域积极探索发展模式，现在，以个人信用度和社会履历为依据的个人小额信贷市场已经成长起来。国外的风险管理也以小额贷款为中心展开，这种小额贷款主要由发展中国家的个人申请，由发达国家的个人发放。这种人人借贷的收益潜力虽有限，贷款人却能同时获得心理上和金钱上的合理回报，具有一定发展空间。

　　在人们利用闲钱进行投资的证券市场中，基金的运作模式是在买入某个基金产品后，根据基金持股比例分配基金收益。如果说这种基金的实际投资决策权为基金管理公司所有，那么个人直接投资的 P2P 基金就由个人来负责和决策。P2P 基金的运作模式是由想募资的企业或个人提出投资方案，由投资人负责进行小额投资。假设要制作一部有关"韩国教育现状"的低预算纪录片，由于不是商业目的，这个项目较难吸引一般投资者，而制作人自己又负担不起全部的制作费用，但只要为制片目的做好宣传，一点点累积小额投资，仍然可能募集到预算金额。将来电影上映后，制作方可以让投资人免费观看，还可在片尾字幕中写入投资人的姓名作为部分回报。这其实是国外小额基金网站 Kickstarter 上的集资项目之一。有的游戏开发商还会将游戏里的虚拟建筑物或城市命名为投资人的姓名。这种微型基金和单纯的捐赠比起来，不仅接受投资的对象明确，回报也很具体，前景是光明的。

总的来说，在人人金融日益发展起来的今天，银行和信用卡公司的重要性暂时还不会降低，因为大部分的金融交易仍与银行和信用卡公司挂钩。另外，基金公司和贷款公司在大笔交易方面也依旧能立稳脚跟。不过，在个人对个人的小额交易领域，出现了新的中介人，现有金融企业在信用卡、投资、贷款过程中的重要性会降低。此时，现有的金融企业会退居二线，主司这些交易背后的流程管理，因为人人金融交易的收益性尚未明确，经营风险比他们的现有业务要高。

手机支付市场的飞速发展

现行支付市场的构成有银行、信用卡公司、信用卡加盟店、用户以及连接管理交易网的增值网络（value added network, VAN）等。从最新趋势看来，未来支付市场的发展方向应该是与非接触式信用卡技术相结合的手机市场。

其实手机支付方式并不新鲜，目前我们已经可利用手机进行小额支付，问题是它在根本上还是一种在线支付手段。未来，手机支付会更加灵活地运用在现实生活当中。例如，在商场买了东西之后，只需用手机在收银台上刷一下，输入密码，即可完成支付，也可仿效 Square 那种采取直接在智能手机屏幕上签名的方式。商场方面亦可随之向消费者的手机发送优惠券、商场简介、顾客评价等。

这些功能的提供源于智能手机具有不同于信用卡的屏幕及运算和储存功能，商场可充分将此运用在宣传和推销上。虽然现在的银行卡种类繁多，既有各大信用卡公司发行的信用卡，还有不同银行制作的借记卡，但将来它们都会以手机具有的个人信息为中心统一起来，成为个性化的金融货币手段。人们再不必在钱包中塞满各式各样的信用卡、支付卡和会员卡了。

韩国和日本都是手机支付发达的国家。韩国的"T-money"最初主要用于虚拟物品支付，后来又加上交通卡功能，如今已经发展到可以在商店中进行一般性的小额支付。日本的"手机钱包"出现得更早。索尼生产了一种叫做FeliCa（索尼研发的非接触式IC卡技术，配置在NTT DoCoMo手机终端中）的金融芯片，由日本第一的移动通信商NTT DoCoMo和JR东日本铁路公司合作投资、共同运营服务。最近SK Telecom也已和日本的移动通信商KDDI、SoftBank达成协议，决定连通彼此的手机支付平台。就像出国旅行时利用手机漫游服务实现语音通话和无线数据处理一样，如今手机也可在国外进行支付和下载优惠券。

共享手机支付平台有一个最重要的前提条件，就是手机里的金融芯片必须被其他企业配置的支付终端——软件狗识别。这就必须克服目前不同企业和国家制定的手机支付系统无法相互兼容的问题，而解决问题的核心就是近距离通信技术（near field communication，NFC）。

围绕NFC展开的手机支付市场竞争

建设支付平台，尤其是构建使用金融芯片的社会支付系统，并非一朝一夕就能完成。对消费者而言，在商店刷卡消费要有信用卡终端机；对商店经营者而言，又要有足够多的人持有信用卡。这两个条件在初期很难同时满足，所以必须有足够的补助金，或在商场中配置信用卡终端机，或为办理信用卡的用户给予补助。

如今，要在手机中配置金融芯片以实现购物结算功能，也会出现和信用卡一样的问题。一方面，必须把商店里现有的信用卡支付终端替换为可支持手机金融芯片的设备；另一方面，要让用户安装新的金融芯片或下载应用程序，开通金融交易服务。问题在于这种补助该由谁提供。使用金融芯片的交易由于服务商之间的利害关系复杂，谁都不愿站出来主动提供补助。

发行信用卡的一方希望绕过手机制造商和移动通信商，独立开展业务，他们当然不愿意见到半路杀出个中介机构，跟自己强索信用卡手续费。国外 Visa 卡和万事达卡的手机支付业务就为用户提供了 iPhone 专用保护壳，用户通过保护壳上面的金融芯片，即可使用 iPhone 搭乘地铁或进行金融交易。

移动通信商则希望绕过手机制造商，直接面向入网用户开展业务，于是他们采用了在入网用户识别芯片 USIM（或 UICC）上使用近距离识别技术的方法。美国的主要移动通信服务商 Verizon 和 AT&T 已经宣布将联手合作，最迟在 2012 年推出美国国内通用的 NFC 支付测试平台。

手机制造商也有自己的立场，他们希望绕过信用卡公司和移动通信商，直接在手机中植入金融芯片。近来，值得业界关注的主要有三家制造商，第一个是世界第一的手机制造商诺基亚，第二个是生产 iPhone 的苹果，第三个是与谷歌合作的三星电子。谷歌联盟已经推出了使用 NFC 技术的手机，预计诺基亚将来出产的几乎所有手机也将预置 NFC 技术。iPhone 毫无疑问会支持 NFC 技术，甚至有消息称，其实 iPhone 4 上就已经配置了 NFC 芯片，只不过时机尚未成熟，未能启用而已。考虑到苹果一贯强调的硬件和意义（meaning）的结合，这个举动不是没有可能。

此外，还有贝宝这类专业支付系统运营商。贝宝为了实现 NFC 服务，也与 Bling Networks 展开了合作。Bling Networks 是一家生产包含 NFC 芯片的手机贴片的公司，它还为商店提供信用卡终端机，用户可免费获得 NFC 贴片贴在手机背面，第一次消费时只需完成手机验证即可。这已经是一个完整的手机支付系统，不过与贝宝对接后，Bling Networks 就可实现信用卡或银行账户的支付功能，而贝宝也能开启自己的 NFC 离线信用卡结算之路。

有意思的是，这种在手机背面贴金融芯片的做法在日本也有。日本人经常使用前文提到的手机钱包，然而苹果的政策却限制了对 iPhone 的改装，导致 iPhone 无法使用金融芯片。于是，日本唯一的 iPhone 经销商 SoftBank 就向用户分发贴在 iPhone 背面的金融芯片，以减少用户的不便。这样做尽管别出心裁，但也存在无法与手机的其他附加功能相连接的缺点。此外，铁路和公交等小额结算频繁的公共交通系统也是 NFC 手机支付利害关系圈里的重要当事人，因为离线小额结算的一个重要内容就是公共交通服务。

手机制造商建设支付平台的举动暗示了补助提供方应为手机制造商或移动通信商。假使将来的 iPhone、安卓手机、诺基亚手机等全都使用 NFC，商家显然无法把全部金融芯片成本转嫁到消费者头上，必须由充当手机支付平台的企业来提供补助。

既然支持 NFC 技术手机的普及是必然的，余下的问题就是由谁来为商店信用卡终端的更新换代买单了。其实，只要消费者方面的问题解决了，这个问题怎么都好解决。最好的方法是由利害关系圈里的当事者们共同组建一个公司，根据持股比例分担信用卡终端机的更新费用，将来再根据持股比例分配手机支付的经营利润。日本的 FeliCa 相关制造商、通信公司和公共交通公司的合作就是一个很好的先例。最需提防的就是实力强大的公司各自独立生产终端机，这不仅会降低平台经济的效率，还会对手机支付附加服务的发展产生消极作用。当配置 NFC 芯片的手机和终端机得到普及，接下来的就是手机与信用卡、银行等个人支付账户的连接问题了。

连接——未来金融市场的制胜之道

手机制造商对客户的了解基本为零，因为客户信息在开通手机服务之时才会提供。支付存折号码、手机号码和信用卡号码等客户信息只有移动通信商、信用卡公司和银行才知道。此外，贝宝、亚马逊和苹果通过各自的服务搜集到的用户信息也很多，Facebook用于购买虚拟物品的虚拟账户收集用户信息的潜力也不小，服务商要求用户登录这一操作本身就为自己创造了支付市场的重要资产。

前面我已经谈到，将来的手机制造商或某些服务商会把以信用卡为首的主要支付功能统一起来。这样一来，像万事达卡和Visa卡那种连接数百个银行的品牌信用卡公司就会显示出比其他信用卡公司或银行更大的影响力。制造商中也是拥有大量用户个人信息和支付信息的企业才能扩大自己的影响力，如致力于Ovi服务的诺基亚、通过iTunes搜集了1亿以上信用卡账户信息的苹果等。预计谷歌也会把Gmail等账户信息连接到安卓手机中，不过，尚不明确它会不会与三星电子或HTC这些终端机制造商合作分享利益，因为它更需要的是能够提供信用卡账户等金融信息的贝宝类合作伙伴。贝宝为了迈上未来的信用卡发展道路，也需要与有影响力的手机制造商或操作系统开发商建立合作关系，而与已经拥有大量客户信用卡信息的苹果相比，选择谷歌作为初期合作伙伴显然更合适。

移动通信商也正试图把企业间无法兼容的零散市场分区域统一起来。前文已提到，韩国与日本的移动通信商正在开展支付平台的合作，美国的主要移动通信商也在共同开发支付平台，这些事例都是这种意图的体现。过去，在手机应用商店市场，为了对抗苹果的iPhone App Store和谷歌的Android Market，全球的通信公司曾组成联盟；如今，移动通信商的这种举动预示了这种联盟可能再现于支付平台市场。事实上，虽然iPhone App Store 2011年的总交易额超过2兆韩元[①]，但是移动通信商却未能受益于这种市场成长，因为苹果只使用自己的支付平台。Android Market是一个以广告为主的市场，它作为收费市场的性质尚未成熟。

---

① 约合人民币109.7亿元。

如今，人人金融市场正在与手机相结合，形成新的金融结算手段，实现离线手机支付和附加服务等功能。虽然现在也能找到一些类似的服务，但手机支付即将完成作为社会基础建设的准备，成为一个大众（mass）市场，因此往后几年将会是支付市场的重要发展时期。

沟通方式的平台化

人是社会性动物，总是有交流的欲求，因而从信件、电话、电子邮件、公告栏、即时聊天软件到近年来新生的社交网络，人们的交流方式总是在不断进步。但人们最简单的交流方法是面对面交谈。现在，我们已经可以拨打视频电话与地球另一边的人面对面地交谈，不过，交流模式发展的新方向还尚未明朗。

围绕视频通话展开的竞争

传统交流方式延长线上的语音和视频通话方式预计会围绕 Skype、苹果和谷歌等企业之间的竞争发生变化。与此同时，移动通信服务商也会从根本上重新思考自身的经营模式。由于网络电话或终端操作系统公司的存在，即便移动通信商投资建设第四代移动通信网，视频通话和即时消息这些核心服务也会日趋低价化或免费化。

这个领域的领跑者是平台运营商 Skype。Skype 以全世界 5 亿多会员为对象，允许同时使用 Skype 客户端的两个用户进行免费通话，并采用预充值式资费体系实现 Skype 客户端与手机或座机的连接。除语音通话外，Skype 还提供视频通话和即时聊天等功能。

谷歌也格外偏爱通信市场。它曾积极参与美国政府举行的通信频率竞拍投标，还在美国部分城市设置了免费的 WiFi 网，开始示范性的运营。用户可使用谷歌的语音服务在美国和加拿大等地拨打免费电话，还可通过谷歌把家庭电话、手机和办公电话等合并为一个代表性号码，当有电话拨进时，家里、手机和办公室的话机会同时响铃，系统会自动接通用户最先拿起的电话。此外，用户还可以进行语音留言，这些留言会存放在语音信箱，并可自动转换为文字信息，方便用户阅读。

为平台运营商的视频通话竞争再添一把火的是苹果。苹果公司把过去 Mac 电脑上的视频通话软件 iChat 改为 FaceTime，免费安装在 iPhone 等移动设备上。FaceTime 不仅画质和音效出众，比之 Skype 等竞争对手还有其他长处，比如使用方便不需要另外运行程序，即可收到对方发来的视频通话邀请。这些细节看起来不起眼，却在无形中诱使用户频繁地使用视频通话，从而让苹果获得了大笔手机平台运营收益。

谷歌在推出安卓手机时，也把过去 Google Talk 上的免费视频通话功能拓展到了手机上。Skype 也对大大落后于 Windows 系统的 Mac 电脑专用客户端进行了改进，增强了视频通话功能。看来随着 FaceTime 的诞生，所有的 Mac 用户都可直接或间接地享受实惠。

视频通话竞争的意义

许多企业都以各种方式在手机中加入网络电话功能，为什么我们要特别关注苹果和谷歌的动向呢？尽管苹果和谷歌也是把电脑上的视频通话软件修改为手机版，可是意义却完全不同，因为它可以取代移动通信商提供的部分语音和视频通话服务。Skype 的不便之处在于通话双方必须约好在同一时间登录客户端才能进行通话，另外还有无法与手机通话功能有机结合的缺点，而苹果和谷歌正好在 iPhone 和安卓手机平台的基础上将这些缺陷减到了最小。平台运营商提供的通话服务将会变得和移动通信商的通话服务一样普及。

Skype是以微软为后盾的跨平台语音和视频通话提供商，苹果独立运营自己的平台，再加上特立独行的谷歌，这三者之间的竞争连同移动通信商采取的应对策略，都将无一例外地推动视频通话领域的技术革新。

为什么平台企业都争先恐后地进入视频通话这个市场呢？根本原因在于移动通信网络的概念已经逐渐从"专用网"变成了"附加网"。目前，语音通话网和数据传输网还两不相干，但是将来，所有的网络都会变成数据传输网。语音网的功能是固定的，数据网却很灵活，就像互联网一样，传输内容不受限制。将来的语音通话会和网络电话一样使用用数字传输形式，这已经是公认的事实。

移动通信商包揽语音通话服务的定例如今已被打破。移动通信商推出的家庭座机和手机资费的捆绑优惠套餐不足以遏制新兴的竞争对手，因为与数据网相连接的包括手机在内的很多消费家电都有语音通话功能。

Skype和松下、Vizio等电视机制造商合作，在电视机上增加视频通话功能。用户可直接通过电视机上装配的网络摄像头和麦克风，享受大屏幕视频通话的体验。看来不止手机，连我们的客厅也成为平台运营商们网络电话争夺的阵地了。在这种情况下，同时运营互联网和移动通信网的通信公司很可能会利用自己的网络来遏制竞争者，网络的中立性——网络是私有财产还是公有财产——的争论将愈演愈烈。这一争论在网络电视 IP TV 的领域也曾发生，如今又延伸到了通信领域。

平台用户间的免费通话功能既有利于平台运营商防止既有客户流失，同时又能吸引新客户，即便不能立即产生直接效益，这项措施也能刺激手机销量，提高用户忠诚度。譬如，某人想买一部智能手机，如果他熟识的人都使用iPhone，为了享受免费的视频通话，他很可能也会购买iPhone。安卓手机也是如此，周围使用安卓手机的人越多，同一平台用户间视频通话的免费午餐就越具有诱惑力。带有视频通话功能的手机卖出越多，产生的积极网络效应也就越强，难怪平台运营商如此关注视频通话了。

一旦语音被转化为数据，谷歌翘首以盼的实时语音自动翻译功能就有实现的可能了，而且只要将语音保存在收件箱里，用户就可方便地查看语音邮件或转换的文字信息。如果实现了语音聊天的同时显示文字消息，说不定将来的语音通话方式会变得像在 Twitter 或 Facebook 上留言一样。无论以何种形式，只要外部平台运营商进入原本属于移动通信商的语音和视频通话市场，新的沟通方式就会被开发出来。

手机和漫游要解决的问题

开通漫游服务后，在赴境外旅游的途中也可接听打到自己手机上的电话，甚至只需在手机上改变设置即可自动漫游。不管是语音聊天，还是视频聊天，除了手机，如果还想在电脑、电视等消费家电上实现通话功能，必须先解决一个问题是：手机只需知道号码即可拨打电话，可是消费家电却没有电话号码。

为了解决这个问题，移动通信商采用了向接入移动通信网的调制解调器分配虚拟电话号码的方式，但这种调制解调器的使用人群有限。拥有服务平台的企业允许通过用户的服务账号拨打电话，如苹果的 FaceTime、谷歌的 Google Talk、微软的 Skype 都是用账号打电话。可是，通过 FaceTime 向 Skype 打电话现阶段还未能实现，因为企业间存在不同的利害关系。这就像最初使用手机进行语音通话时，由于不同国家的电话号码系统各异，处于不同国家的用户就无法直接接通电话一样。

苹果推出 FaceTime 后开放了标准，让人们看到了实现未来 Skype 或 Google Talk 用户与 FaceTime 用户无缝通话的可能。然而，让注册用户数大大超过 FaceTime 的 Skype 去追随苹果的标准几乎是不可能的事。谷歌也有类似的打算，利害冲突的状况是一样的。对于移动通信服务商来说，平台企业间的利害冲突导致不同平台用户之间无法互连的局面真是一大幸事，因为电话早已完成了对各自接入费等利害关系的调节，用户可以给世界任何人打电话。

同一平台用户才能通话的限制可能会诱导以单一平台为中心的市场形成。随着共同标准的确立，不同的企业共同分享市场这块大蛋糕，语音通话的主导权很可能出人意料地以平台运营商为中心重组起来。谷歌、苹果和 Skype 的所有会员加起来，包括重复的会员在内达到了 10 亿，所以也不是没有这个可能。将来，掌握着除电话号码外大量客户信息的企业将会在重组中的语音通话市场里获得更多的机会。那么，我们就有必要来考察一下近来吸收了大批用户、掌握大量用户信息的企业——Facebook 了。

电话邂逅社交网络的必然性

以 Facebook 为代表的实名制社交网络与手机通讯录是相连的。它以平日里互发消息的行为为中心构建人际关系网络，因而也具备电话交谈的可能性。随着沟通方式的发展，今后人们打开手机通讯录时，就可同步显示 Facebook 好友，用户可以阅读好友的文章、给好友打电话或聊天等。尤其像前面提及的那样，将来我们即便不知道某人的电话号码，也可以向他的社交网络账号打电话，通讯录和社交网络的统一大势将不可避免。

2010 年稍早一些时候，就有专业人士指出，Facebook 正在开展一项秘密的手机计划。2011 年 7 月，HTC 推出了 Facebook 专用社交手机 ChaCha 和 Salsa。同时，移动通信商沃达丰宣布，将专门针对 Facebook 社交服务，推出 555 Blue 智能手机。Skype 已经和 Facebook 展开了合作，Skype 会员可以查看 Facebook 好友订阅的新闻，并与好友进行语音和视频通话。据称，今后 Facebook 网站上也将提供类似功能，这与 Facebook 统一用户沟通方式的发展方向是一脉相承的。如今，进行语音和视频通话、互发即时消息和电子邮件、填写公告信息这些活动不再各自独立，而以人为中心重新组合起来了。

要想实现理想的蓝图，Facebook 不能坐等人们访问自己的网站。在为人们的沟通方式引路指航之时，Facebook 还可以充分运用积分制预付费支付平台等工具。

改变网络上的沟通方式

包括 Facebook 在内的社交网络从根本上改变了互联网用户的沟通方式。通过社交网络，用户可以直接联络值得交往的重要联系人，这种网内交流方式不再需要电子邮件等公式化的手段。著名风险投资公司 Union Square Ventures 的总裁弗莱德·威尔森在分析了社交网络使用量超过电子邮件的现状后，说："虽然我也曾预言社交网络终将赶超电子邮件，但发展到今天这个程度却是我始料未及的。"根据他提供的数据，社交网络的使用总时长和全球用户数分别在 2007 年 11 月和 2009 年 7 月超过了电子邮件。2010 年，Retrevo 对美国公民进行的调查结果显示，有 42% 的人回答说自己起床后做的第一件事不是看新闻或电视，而是登录 Facebook 或 Twitter 这类社交网络服务，这个比例在全部受访者当中是最高的。

在这种人们早起第一个登录的社交网络服务中，用户交流的活跃程度甚至对电子邮件构成了威胁。对此，舆论的关注点各不相同，其中 Facebook 令人惊叹的成长速度、庞大的用户数量和完美的平台策略尤为引人关注。

Facebook 推出新的信息系统，统一邮件、聊天和博客等沟通方式，无论用户查看的是邮件、消息，还是公告信息，都将享受一体化的体验。尽管 Facebook 创造人扎克伯格强调这一服务并非电子邮件杀手，但人们仍预测电子邮件这个被称为"互联网杀手锏"的服务即将被 Facebook 的这种消息服务所取代。

Facebook 的这项举动对谷歌构成了最大的威胁，原因主要有二。首先，谷歌一直尝试在 Gmail 这个邮件服务的基础上运营社交网络。可订阅收件人简单文章的 Google Buzz 服务，还有 Google Wave 这个在用户姓名的基础上融合了邮件、聊天、图片和社交网络等服务的综合沟通手段，都是谷歌野心的体现。可惜这两个服务均未能在市场上获得成功，反而加深了人们对"谷歌不擅长社交网络运营"的刻板印象，谷歌通过邮件建立社交网络的想法在 Facebook 新推出的消息服务面前显得不堪一击。

另一个原因与微软有关。虽然谷歌的 Gmail 在全世界拥有相当高的市场占有率，但微软的 Hotmail 仍旧是该领域的强者。免费的谷歌文档上线以后，微软无法逆时代潮流而行，于是闪电般地做出回应，启动了 Docs.com，把现有的 PowerPoint、Word 等 Office 产品转换成在线服务，与谷歌对抗。而微软又成了 Facebook 的投资方，它必定会同 Facebook 联手打出许多合作牌。由于电子邮件和电子文档都是 Facebook 消息服务的重要组成部分，今后它很可能会采取连接微软的 Hotmail 和 Docs.com 的策略。

其实在 Facebook 的发布大会上，就曾演示过无缝连接微软 Docs.com 以实现 Facebook 好友间共享文档的功能，这一共享过程甚至不需要额外登录。Facebook 的大多数合作网站都采用 Opt-In 方式，第三方网站必须首先征得用户同意，才能获得用户的个人信息，但是对于部分战略性合作伙伴，Facebook 似乎倾向于使用 Opt-Out 方式，即先提供用户信息，然后再让用户确认。微软可能会成为这种 Opt-Out 方式的最大受益者。这样看来，具有社交服务功能的谷歌 Gmail 的未来就有些令人担忧了。

在云端聚来散去——"云"技术

"云"技术的出现创新地提出了"按需支付"的概念，打破了以往人们"购买"电脑资源或平台资源的惯性思维。可以说，这是一个"效用计算"（utility computing）的领域。为什么要用"云"这个词呢？因为"云"不仅意味着人们不知道、也不需要知道云的那一端到底有什么，还暗示着如果操作不好，资源也会像浮云一般随风而逝。

诞生于无数误解和盲目期待之中的云技术从长远来讲，仍蕴含着极大的变数。它的重要性不仅在于将设备投资成本转化为运营成本的经济学意义，更在于它作为一个平台的重大意义。

个人电脑与云平台的相似之处

联想一下个人电脑，就很容易理解云技术的概念。个人电脑由搭载内存和中央处理器的主机、输入输出设备、数据存储器硬盘、操作系统及运行于操作系统之上的软件构成。云平台即一一提供对应这些组成部分的资源。

比如，亚马逊将相当于中央处理器和数据存储器的资源按用量租给其他企业使用，它的作用相当于电脑的 CPU 和硬盘。谷歌和微软可视为操作系统，他们提供在 Java 等语言基础上开发的程序运行环境。相当于软件的应用程序服务由云平台的运营商们提供，这个领域很有名气的是 Salesforce.com，此外谷歌和微软等也为用户提供自家现有的服务资源。那么显示器和键盘呢？它们是由网络浏览器和智能手机来充当，网络本身成了一个巨大的电脑。

服务时代异军突起的原因

目前，网络的中心已经从软件转移到了服务，促成这种演变的原因有很多，最重要的有两个。其一是服务的启动和维护费用前所未有地降低了。这是拜以 LAMP 为代表的开源模式所赐。开源模式免费提供服务器操作系统、Web 服务器、数据库、开发语言与程序库等运营服务必需的基础内容，大大降低了开发者进入的门槛。尽管硬盘仍要付费，但它的价格也随技术的发展日益降低，企业之间的竞争更加速了这一进程。

服务时代来临的另一个原因是重要信息越来越多地汇集到了网络上。引发这种现象的就是令"参与""共享"这些关键词深入人心的 Web 2.0 服务。用户将自己电脑中储存的照片、视频、通讯录、收藏夹和日程表等毫无保留地上传到网络上，并从中发掘新的价值。

这些上传的信息并非只聚集在某个中心位置，而是乘着开放接口的浪潮，开放给第三方企业使用。向内集中和向外扩散两者共同作用，即产生了协同效应。企业既可以将 YouTube 或 Flickr 当作存储数据的硬盘使用，也可利用谷歌地图随心所欲地使用网络地图信息，还可以将 Twitter 和 Facebook 用作社会营销手段或游戏社区。所有这一切都是开放接口带来的好处。

此外，网速的提升和智能手机等消费家电的增加也是很重要的原因。现在，谷歌等企业已经通过运营广告和收购大型服务公司，更有效地回收初期投资成本。随着人们使用的消费家电从电脑延伸到智能手机、平板电脑、电视等多种电子产品上，单一的软件产品逐渐被灵活多样的服务所取代，因为基于跨平台理念创立的 Web 面向的并非单个操作系统，而是更适合多元化的服务运营。

中小企业与服务市场引爆云技术旋风

设备投资对中小企业来说是一笔很大的开销。如果中小企业能在小笔固定成本的基础上让企业经营步上轨道，风险就会相对减小，因为他们不同于有能力运用大笔资金进行前期投资的大企业。谷歌之所以能够在搜索广告的基础上成长起来，就是因为它为中小企业提供了一种低价的广告模式，毕竟除去部分大企业后，余下的中小企业市场规模也不小，在广告市场潜力方面可能反而较大型企业为高。

使用云技术的企业大体分为两类。第一类是独自制作和提供服务的企业。如今，互联网的发展促使软件时代向服务时代过渡，许多企业都转型为服务企业。亚马逊、谷歌和微软等大型云企业的主要客户就是这些提供服务的公司。第二类是使用服务的企业。现在，企业已经无需额外购买用于客户管理、电子邮件或群件（Groupware）的软件，可以按月或按年签下租约，使用相应服务。著名的客户管理服务公司 Salesforce.com 就是面向有这种服务需求的企业客户展开经营的。

这种分类在现实中也不完全准确。谷歌和微软都将自己的文档管理和电子邮件服务捆绑提供给有需要的企业，Salesforce.com 也不局限于提供制作好了的服务，它还为中小企业提供自主创建新服务的环境。

云技术——改变操作系统的补助模式

在前面的章节我们已经讲过，微软的 Windows 操作系统采用的是向双边市场中的开发者一方提供补助的模式，通过免费提供开发工具和其他形式的支持确保优秀软件的研发，因而它就需要用户付费购买 Windows 操作系统。Linux 系统虽然免费，其中也隐含着用户支出，因为非专业的普通用户需要支付 Linux 系统的学习费用。

当运行软件的个人电脑转变为运行服务的云平台之后，与操作系统有关的双边市场会如何变化呢？从开发者向亚马逊、谷歌和微软等云企业按量付费的模式看来，开发者并未得到补助，而云企业也不向用户索取额外费用。这类似于以往的游戏机市场，厂家会将成本转嫁到开发者头上，对消费者则以廉价出售游戏机的形式给予补助，这种模式已经通过苹果的 App Store 在智能手机领域确立并普及开来。

在云技术领域，网络浏览器采用的就是开发者买单、用户免费使用的补助模式，这与游戏机市场的特性类似。虽然现阶段云企业针对开发者推出了限时免费产品，但这只是云企业为他们量身打造的营销策略，尝到甜头的开发商以后会很难转移阵地。所以从根本上来说，云平台的经营结构仍然是开发者付费、用户免费的模式。

为了锁定开发者，云企业倾向于使用自己的数据库和开发语言，而不是直接支持前文提到的开源环境。像 Salesforce.com 一样，他们在提供企业软件的过程中会设法提升入驻云平台的企业客户的忠诚度。这种倾向也成为云平台的一个潜在威胁，很快人们将展开对开源基础上的托管型云服务的探索。

云平台要想在双边市场中发挥价值，必须与另一个客户群——服务的实际客户（即使用服务的用户）一起产生积极的网络效应。只要服务的种类多了，使用平台的人就会增多；同样，使用平台的人越多，服务种类也会越多。但是大多数的服务都不会局限于某一个操作系统平台，尤其是像网络浏览器这种服务显示窗口。用于显示服务的"窗口"（Window）对浏览器来说至关重要，因为随着企业经营的重心从电脑平台转移到云平台，浏览器的市场占有率在网络效应中的作用会超过操作系统本身。眼见自家的 Internet Explorer 市场占有率日益下降，微软无疑会倍感危机。

另一方面，谷歌为了尽可能提升自家浏览器的市场占有率，将浏览器操作系统化，推出了以平板电脑和低档笔记本为目标的 Chrome 操作系统。早在正式推出商用版本之前，谷歌就开始积极造势，寻找合作伙伴。谷歌的 Chrome 操作系统完全免费，开发一个操作系统所需的人力物力已相当可观，更何况谷歌同时还开发了性质完全不同的安卓手机操作系统。

有人认为这两个操作系统终将合二为一。这不是没有可能，不过目前它们各自的用途不同，统合并起来并非易事。谷歌开发安卓操作系统是为了在消费家电市场抢占优势地位，而 Chrome 操作系统则是在电脑向 Web 平台过渡的过程中谷歌掌握主导权的工具。一旦 Chrome 操作系统开始绽放出耀眼的光芒，使用谷歌云平台的企业都将随之获益，由此产生的网络效应不可估量。

云平台≠万灵丹

从电脑时代过渡到服务时代的进程中，尽管人们对云平台充满无限期待，但云平台本身还存在几个问题。第一是云企业对服务企业的锁定会带来迁移费用的增加。如果以网络浏览器市场占有率高的企业为中心形成了网络效应，就可能诞生云世界的另一个垄断寡头"微软"，这当中包括Firefox类开源浏览器及其他云平台运营商。由于企业之间可以推出简单的托管服务以相互制约，暂时不会形成单个企业拥有压倒性优势的局面。不过，现在的很多服务上都储存着大量的用户信息、视频和相片，即便未能形成垄断，也需格外警惕由谷歌、微软、亚马逊和苹果等少数企业主导的市场。仅是这些企业在自己的服务中累积的信息就足以构成威胁了，更何况许多第三方企业都将自己的服务信息交给他们托管。倡导开源价值的GNU计划发起人理查德·斯托曼也将云技术比作"圈套"（trap），他警告人们："将自己的信息控制权全权交给云平台运营商是危险的。"即便不是蓄意为之，一旦内部管理不善，将必然出现信息恶意盗用的可能。

对云平台的过分期许也产生了一些泡沫效应。在互联网起步之初，世人就曾错误地把电子商务视为拯救一切的万灵丹。现在的云技术就像当初的电子商务一样，成了企业炙手可热的流行语。这种过度期待和滥用程度如此之深，以至云平台代表性企业甲骨文的总裁拉里·埃里森贬斥云平台充其量不过是一个新潮词汇。长远来讲，云平台的确是大势所趋，然而现阶段无疑是被夸大了。

云平台虽然在短期掺杂着不少泡沫，但从中长期看来必将影响到众多企业。惠普和戴尔等企业用服务器制造商都在准备各自的云平台，企业用存储设备的制造商当然也不在话下。对消费者来说，一旦云平台迎来鼎盛期，服务就会像消费品一样渗透到日常生活中，在消费家电上搭载服务的趋势也将愈演愈烈。

迎合消费者需求的智能电视

互联网出现以后，人们看电视的时间逐渐减少。人一天只有24个小时，除去睡觉、工作和吃饭的时间，人们用于媒体消费的时间十分有限。这意味着企业要为抢占用户的媒体消费时间展开激烈的竞争。客厅中的代表性媒体消费方式——电视的消费比例虽已大幅度降低，但仍占据着相当重要的地位。在手机热潮过去之后，平台企业们立刻将目光瞄准了下一个战地——家用电视。

智能电视——此次能否成功

人们曾多次尝试将互联网上的丰富信息运用到电视上，均以失败告终。导致失败的原因有很多，这里我们只简单地谈几条。首先是电视和电脑的用途不同，电视基本上属于一种躺在客厅沙发里随意观赏的休闲方式，而电脑则是一种端坐在书桌旁、不断查找信息的浏览方式。如果只简单地在电视上附加网络浏览器功能，以便用户查看网络信息，那多半只能给用户带来不便，要么是遥控器操作不便，要么是用户界面不够简单明了。

另一个原因是值得一看的内容较少。如果只是查看现有网络上以简单文档和相片为主的信息，特地连接到电视上的意义就不大。想象一下坐在沙发上对着电视画面上的浏览器输入网址、阅读结果页面文字的情景，这是一件多么痛苦的差事。而且，电视行业中实力雄厚的电视机制造商、电视台、工作室和有线电视等媒体企业对此也不感兴趣，因为浏览网页的功能主要依靠机顶盒来实现，和电视机制造商没什么关系；对媒体来说，这种新型媒体的收益率低，对企业经营也没什么好处。

其实，只要新媒体能够无缝连接类似传统媒体机顶盒的电视专用媒体平台，占领市场就容易得多了。最近，人们正在尝试通过一直没能有机结合起来的电视和网络，研发新概念的电视，即网络连接下的智能电视。如今，用户在互联网上消费的主要媒体是在线视频，而且在 YouTube 等著名视频网站上已经出现了 SD 或 HD 等级的高清视频服务，放在大尺寸的电视屏幕上播放完全没有问题。为电视提供电视剧、综艺节目和电影的传统媒体企业也在小心翼翼地尝试基于互联网的视频服务。在网上视频资源日益丰富的同时，人们也开始将这些海量的视频资源汇总，从电脑转播到电视这个简单屏幕上，Joost 就是其中之一。在这些林林总总的企业中，部分企业由于迎合了网络电视这一发展趋势，获得了较好的发展。最近还出现了许多新型产品，有的可以实现电脑与电视的无线连接；有的允许通过连通网络的专用设备，实现在电视上观看在线视频的功能。

网络电视的好处之一，就是可以实现对喜欢的电视剧、比赛片断或脱口秀节目进行点播的定制式视频服务。提供包月视频服务的 Netflix 打开了这种定制视频服务的大规模消费市场，它拥有数量众多的可供消费者挑选的视频，并且绕过了有线电视服务商，直接与消费家电商家签订协议，在游戏机、电视和 DVD 播放机等电子产品上提供视频服务。

谷歌的电视操作系统 Google TV 也采取了与索尼、三星电子等主要电视制造商合作上市的方式，但是目前还不能提供 Hulu 这类媒体企业的在线视频。因为对媒体企业来说，同样的视频通过电视台或有线电视提供商来播送，在广告费方面更占优势，用户界面也避免了众口难调的问题。在硬件方面结合键盘与电视机遥控器的专用遥控器虽已上市，却亟待改善。尽管尚未发展到期待的水平，但人们仍积极探索在家用电视窗口上嫁接网络的合理方式。

N-Screen——随时随地欣赏电视剧和电影

将来，电视不仅会播放网络视频，还会把电视剧和电影输送到普通电脑、手机和平板电脑等媒体消费机器上。家庭主妇用电视观看某部连续剧的同时，丈夫可以在平板电脑上看新闻，儿子可以在智能手机上欣赏新上映的电影，只要安装好应用，他们就能选择各自的电视频道。当有重要的新闻速递时，丈夫只需要用遥控器简单操作，就可以把平板电脑上的画面传送到客厅的电视屏幕上与家人分享。观看电视剧时如果需要外出，可以把画面接驳到智能手机上。利用智能手机，不仅可与家用电视相连观看直播频道，还可在办公室里预约录制电视节目。将电视和其他媒体设备连接成一个统一的媒体观赏体验的探索已经进入了商业化运作阶段。可想而知，当普通电脑、智能手机、平板电脑和电视在统一的平台上运作时，即可呈现最完美的服务，而且不论哪个终端都同时具备点播视频和实况转播两大功能体系。

单从这个方面看，似乎生产电视、智能手机、平板电脑和普通电脑等多种电子产品对企业的经营十分有利。实际上拥有这种水准的产品生产线的只有苹果、索尼和三星等少数几家公司。苹果还拥有自己的操作系统，这无疑是锦上添花，不过索尼和三星大可利用谷歌的电视操作系统来弥补这一缺陷。而苹果对电视这个媒体机器的生产经验尚浅，充其量不过生产过有网络连接功能的电视机顶盒，较之前面两家企业也有自己的弱势。机顶盒这个产品本身很难创造利润，对以硬件为核心收益的苹果来说，到底是生产非机顶盒的真正电视机，还是制造与Xbox竞争的游戏机，抑或通过提供视频流以服务形式创造收益，这都是需要仔细斟酌的。而对索尼和三星来讲，这是统一现有消费家电平台的绝好机会，因为在消费者层面，智能手机、平板电脑与智能电视之间的无缝连接能够连通用户体验，可以提高用户忠诚度。

对传统媒体企业——有线电视公司的影响

我们先简单考察一下智能电视市场所处的产业环境。在手机领域，移动通信服务商担当了开通服务和销售手机的责任，对入网用户提供购买手机的补助，通过使用协约回收利润。在智能电视领域，有线电视公司、卫星电视或交互式网络电视运营商等扮演了移动通信服务商的角色，他们一方面经营入网用户管理和资费收取等项目，另一方面从媒体企业获得视讯内容，向用户播放电视节目。

电视本身并不能完成一整套的视频点播或电视商务之类的收费电视服务，而且电视的标准化程度很高，使用电视网络的服务没有理由局限在某一种电视机上。因此，电视网络运营商并不干预电视机的流通，基本上以免费提供机顶盒的形式吸引客户。付费电视的核心就在机顶盒中，电视机制造商不需要像手机制造商那样煞费苦心地建立自己的平台，而且尽管网络内容或手机应用已经成了智能手机的核心内容，付费电视的核心内容却仍是实时直播频道。

总的来说，电视在屏幕、运算能力和用户界面等方面与智能手机不同，它只有屏幕和遥控器两个操作界面。随着电视的日益智能化，付费电视的机顶盒会逐渐丧失地位。这样一来，过去依靠机顶盒植入平台的电视网络运营商就可能直接对电视机制造商提供补助，就像现在移动通信商低价出售手机，向手机生产厂家给予补助一样。假如这种变化真的发生，对品牌电视机制造商来说，就是既能维持营业利润、又能提高销量的机会，因为平台被植入电视机主体中，厂家可根据自身需要同电视网络运营商展开协商。

现实中，还存在一个有关标准的可变因素。移动通信的标准化较强，比如国际电话就必须由各地的移动通信商制定共同的标准。然而世界各地的付费电视运营商使用的技术标准却各不相同。基于此，电视机制造商很难支持所有的技术标准，多半只会以大型电视网络运营商为中心制作。从长远来讲，随着电视的日趋智能化，电视网络运营商之间的技术标准差异终将缩小。

另一方面，智能电视将面临媒体企业制定频道的战略问题，尤其是针对 Hulu 这种将电影、电视剧和综艺节目等通过网站免费或低价提供的情况。电视与网络目前为止还分属不同的领域，要把网络视频放在电视上播映，需要解决广告收益等复杂问题。不过智能电视在付费电视市场占领主导地位是大势所趋，媒体企业也在思索自己的经营策略。就像媒体企业独立运营在线视频服务，与网络媒体 YouTube 分庭抗礼一样，也许电视将来会找到自己的方法。这对拥有平台的电视机制造商来说是一个机遇。电视机制造商既可仿效移动通信商，以补助的形式绑定拥有电视网络的企业，也可为媒体企业设置独立的视频点播消费频道。当然，这需要电视机制造商具有在智能电视这块大蛋糕上调节各参与者利益的能力。

智能手机革命会在电视领域重演吗

电视——尤其是付费电视市场的运作不同于移动通信商与手机制造商的合作模式。不仅各国的规定、各企业的技术标准非常多样，电视内容能否跟得上也是个问题，过去在电视屏幕上显示 Web 信息的尝试都失败了。由于存在的问题，期望在电视领域发生像智能手机那样的革命目前还不太现实。可是，只要智能手机革命确立下来的三大要素能够在电视领域扎根，就有可能出人意料地催生电视领域的革命。

这三大要素分别是与补助相结合的低价优质的终端机、提供无限扩展性能的应用程序商店以及不分地域和国家的全球统一平台。物美价廉的终端机刺激消费者的购买欲望，随着平台日趋巩固，开发商回收项目投入资金的可能性将越来越高，应用程序商店也会迎合供求关系的市场。智能电视虽然可能起步艰难，但也可引用这三大要素。首先，当电视机制造商从付费电视网络运营商那里获得了过去投入在机顶盒上的补助之后，电视机的价格就会下降，消费者的购买需求也会被激发。在平均5年换代一次的电视机市场中，数字电视的强制推广导致了电视机换代的刚性需求，补助电视机制造商将会是一种短期内吸收这种购买需求的良好策略。

电视上的平台，尤其是操作系统平台，越来越多地使用谷歌的电视操作系统或修改版的安卓操作系统。Adobe等跨平台企业也在尝试提供电视、智能手机和电脑上的应用程序运行环境。对开发商来说，机会成本正在日益降低，只要电视应用程序商店在供求关系的牵引作用下达到某个临界值，消费者就能获得类似智能手机那样的优质用户体验。这样，留给电视机制造商的课题，就是如何在兼容各大电视网络运营商不同技术标准的同时，有效连接开发者这个重要的客户群。

当应用程序商店逐步延伸到电视领域时，需要特别注意的是，媒体企业可以通过提供专用客户端绕过电视网络运营商直接与消费者接轨。在智能手机领域，虽说利用3G手机拨打免费网络电话是只烫手的山芋，但通过手机应用播放多媒体却不成问题，因为这不是移动通信商的核心收益领域。然而电视的情况就不同了，如果通过应用程序进行媒体播放，必定会对电视网络运营商的收益结构、网络使用资费体系等造成影响。将来，随着电视应用程序的登场，也许"点餐式"（A La Carte），即消费者只开通自己喜爱频道的方式，会逐步确立下来。

99美元的Apple TV+10亿美元的数据中心 = ?

乔布斯曾推出一款单价99美元的小不点——Apple TV，并说这只是他的"一项兴趣"，暗示这个产品还不能像iPhone一样改变世界。苹果没有在其他厂家的电脑或智能手机上安装自己操作系统的先例，所以苹果有可能继续发扬Apple TV机顶盒的理念，也有可能研发苹果自己的智能电视。苹果要想独立生产电视机，并在电视机市场引爆 iPhone 式的旋风，必须有来自电视网络运营商的补助。虽然好的产品即便价格昂贵也会有人购买，但只有大量的销售才能促发网络效应。但这中间涉及企业间复杂的利害关系，并非一朝一夕就能实现。

尚未实现标准化的电视网络平台系统也未能给予苹果进入的契机。不过只要有智能手机的促使，这种标准化进程发展到一定阶段，苹果就会有一定的发展空间。在技术层面，苹果已经具备了一些可能，尤其 Apple TV 的 AirPlay 技术可实现将 iPhone、iPad、Mac 乃至 Web 上的视频资源自由转接到电视上进行播放。将来只要 Apple TV 开始支持 App Store，互联网上的媒体企业就会推出电视版的客户端软件，并开设频道，传输 H.264（高清数字视频编解码标准）标准的高清影像。

苹果在推出了销售应用的 App Store 和销售电子书的 Book Store 之后，下一步毫无疑问将会推出销售视频资源的 Video Store，且基本趋势预计会像 Netflix 那样采用包月制。到那时，消费者就能随时随地地欣赏音乐、电影和电视剧。苹果在数字音乐销售方面世界第一的市场占有率已经引起了电影公司等媒体的警惕，然而他们却无法摆脱与已经成长为强大媒体流通平台的苹果协商谈判的命运。

苹果斥资 1 兆韩元[①] **组建世界最大规模的数据中心。**已经拥有 iTunes 专用数据中心的苹果为什么还要进行这项规模惊人的投资呢？专家分析，苹果的目的在于提供基于云技术的服务。苹果之所以组建这种规模的数据中心，正是网络视频的需求，尤其是符合高清电视观赏标准的大容量视频流的需要。就像 iPod 上市后，苹果推出 iTunes 音乐服务与之相结合一样，当低价的 Apple TV 普及后，很可能出现新型的高清视频流服务。假如我们所料不差，Apple TV 与新型视频服务相接轨后，苹果即会沿用 iPhone 那种向附加价值

---

① 约合人民币 54.86 亿元。

产品扩张的战略。

自苹果推出 iTunes 以后,媒体企业乐得分得一杯羹,传统音乐销售商的地位却惨遭削弱。假如苹果继续推出新型视频服务的话,同样的状况又会上演——销售行业会比传媒行业更受冲击。具有电视直播性质的视频流服务将导致电视网络运营商难以独善其身。

| 第五章 |

备战新纪元

平台战争其实是一种权力更替的游戏。即便可以在某些领域回避竞争,但最终都难以从平台的影响圈中全身而退。企业对平台领导力的追逐,在导致消费环境分散的同时,又相应地使生产环境趋于集中。平台会成为网络水平开放性的一个威胁,但它同时又会促使网络的转型和进化。

平台战争是否存在赢家

平台战争留给我们的话题

我们的世界已跨越了软件与网络的时代，迈进服务时代。Web 2.0 营造的"参与"和"共享"文化促进了服务的成熟。如今，移动时代已经迎来了它的黄金时期。"移动"意味着个人电脑向消费家电的转变，坐在家中浏览互联网的时代正在转变为无时不有、无处不在的新 Web 时代。

平台战争反映了这种时代变迁中全球强势企业的权力更替（power shift）和激烈竞争。过去也曾出现过这种权力更替，第一次与电视和收音机带来的媒体革命以及电话带来的沟通方式变革有关；第二次是从企业用大型计算机到个人电脑的计算机革命。微软和英特尔成了最终的赢家，惠普和戴尔这些电脑制造商也搭上了飞速发展的快车；第三次是网络带来的互联网革命。初期的浏览器战争虽以微软的胜利告终，但在拥有水平性和开放性结构的网络中，存在大批竞争企业。在互联网时代，谷歌和苹果在搜索领域和数字音乐领域独占鳌头，eBay、亚马逊、Skype 等也各领风骚，庞大的网络效应让他们在各自的领域中占据了最多的市场份额。

我们正在经历的移动革命早已超越了智能手机的范畴，消费家电与网络的连接可以说是目前移动革命的一个发展方向。从游戏机、DVD 播放机、电视等消费家电，到行驶在道路上的汽车，都与互联网连接在了一起。不知不觉间，支付、网络电话、即时聊天等以前网络上重要的平台都开始植入到消费家电之中。移动革命的另一个方向就是网络的操作系统化。现在主要平台运营商把互联网视为一个操作系统，各企业以操作系统组成元素的身份参与其间，利用这个大的操作系统一推出新的服务。云技术还让互联网变成了一台巨型电脑。连接在电脑上的硬盘、中央处理器和内存如今纷纷摆脱了电脑的束缚，深入到了网络之中。

如果说云技术是企业层面的网络操作系统，那么浏览器就是用户层面的操作系统。以 Windows 操作系统和个人电脑为中心的时代即将过去，云技术、浏览器和消费家电将通过应用程序与媒体连接起来。假如某个企业在云技术、浏览器和消费家电领域占领了优势地位，同时又拥有先进的媒体服务和应用程序，该企业就很可能成为下一代的霸主。目前看来，可能性较高的是苹果公司。它已经针对自己的薄弱环节——云技术平台投入了 1 兆韩元[①] 进行发展建设，又积极地推进下一代网络标准 HTML5。此外，苹果还研发了浏览器核心引擎 WebKit，充分展示了自己在移动互联领域的实力。

谷歌和微软也是实力强大的候补。谷歌虽然没有生产消费家电的能力，但消费家电专用的安卓系统和 Google TV 操作系统却很好地弥补了这一缺陷。谷歌不仅通过 YouTube 和搜索显示了自己在媒体方面的实力，在云技

---

① 约合人民币 54.90 亿元。

术和应用程序领域也有一定的影响力。微软的弱项是媒体服务。Windows 7 等系统的媒体中心虽然强大，但还未能对其他媒体企业构成威胁，它本身作为一个媒体服务的优点并不突出。而在消费家电领域，微软 Windows phone 系统的市场竞争力还有待提升。游戏机兼媒体播放器的 Xbox 预计会发挥很好的推动作用。其余平台巨头 Facebook、Twitter、贝宝、Skype、亚马逊等继续把各自影响力拓展到以社交、支付等特定领域为中心的云技术方面。Netflix 将服务连接到各种消费家电上，也将成长为一个基于媒体的云企业。

综上所述，苹果、谷歌和微软正在围绕下一代企业影响力展开竞争，因而这三家公司在短期内不会携手合作。但是，其余几家在各自的领域中占据着强势地位的企业会同以上三家企业或在相互之间展开合作，以扩大影响，如微软与 Facebook、Facebook 与 Skype、谷歌与贝宝、Netflix 与微软等开展合作。

对消费家电的强者索尼、三星电子和 LG 电子来说，这种变化既是机遇，也是危机。能否读懂时代脉搏，在消费家电上有效地连接主要平台，是企业能否占据优势地位的决定性因素。留给这些企业的课题，是如何在纵向上对自家的消费家电实施平台化和互连，同时又在横向上让自家产品连接上外部的主要平台。

既分散又统一的世界

我们在审视手机革命的方向时，需要注意的是"分散"与"统一"这两股相反的力量同时强烈作用的情况。随着智能手机、平板电脑和智能电视等与网络有关的消费家电种类越来越多，用户对媒体内容的消费日渐复杂，消费环境以分散状或放射状扩散开来，而提供媒体的服务环境则为了支持各种消费家电，渐渐脱离了互联网的束缚，日趋大型化和集中化，这意味着媒体的生产环境会逐渐变得集中和统一。

这种变化主要是由消费环境的变化导致的，即生产环境为了适应分散的消费环境变得统一起来。

这有些类似电的发现以后，电力需求激增的状况。一旦电力需求变得普遍，集中生产设施就有利于实现规模经济，其前提是企业具备充足的发电能力和输电能力。汽轮机和交流电机的发明让生产环境能够适应消费环境的变化。最初在用电地点附近配备的中、小规模发电设施，逐渐变成远离闹市区的大型发电厂，专门进行大规模发电。如今，网络也正在变得和电一样。如果说普及电的一等功臣是电灯泡，那么普及互联网的杀手锏就是浏览器。

杀手锏的存在会刺激新的资金投入，以保障供求关系的平衡。只要产生了电视、收音机、电熨斗和电冰箱等各种电器的消费，就会形成消费领域的"群"（mass），这将导致生产设施为了适应经济规模开始集中化和大型化。网络也是一样。最初的浏览器只能查看网络文档，如今已经开发出了照片、视频、地图、聊天和即时消息等多样化的消费方式。而且随着移动环境的接入，人们纷纷通过非浏览器界面的手机应用或其他服务开始对网络的多样化消费，各式各样的非电脑型终端也以各自的方式支持这些消费形式。现在互联网已经具备了使生产环境发生变化的条件，这意味着各大核心领域媒体企业的生产环境会日趋大型化和集中化。而且，在强大网络效应的基础上，面向全球市场开展经营的服务型企业已经开始了激烈的竞赛，各领域都将呈现出赢家通吃的竞争态势。

网络最终会否走上类似电的发展道路？这两者之间也存在差异。电只是单纯地供消费家电使用，并没有生产能力。而网络却可通过消费家电生产出信息，展现一种活跃的、超越虚拟网络的生产环境。譬如，智能手机不仅是YouTube、Facebook、Twitter等服务的消费载体，还是生产视频、即时消息和博客文章等的主要窗口。也就是说，在网络上，生产环境和消费环境是一对相互影响的双向关系，而网络则是生产与消费这个效应中心的平台。生产与消费环境的强大，意味着平台的网络效应或者自我强化能力强大。Facebook、Twitter、YouTube等这些用户大量使用手机登录的服务，就是通过对信息进行"提供—汇总—再提供"的枢纽作用，快速成长起来的。

随着消费环境的日益分散、生产环境的日趋集中，处于信息枢纽位置的平台企业还将进一步壮大。虽然在中国，语言和地区的差异限制了跨国平台企业的发展空间，但这也是因为中国的内需市场足够大。像韩国这种内需市场小、对外开放程度高的地区，就很难遏制跨国平台企业的势力扩张。现在的平台竞争已经不同以往，由于时代的变迁，网络会和消费家电、媒体及应用程序同时发挥作用，竞争方式已经完全改变了。

水平开放性网络模型能否继续

在服务开放与移动革命的带动下，跨国平台企业重复着分散和集中的过程，强化对自己有利的网络效应。对此，专家担忧的是出现单个企业的平台膨胀过度以至于威胁到整个互联网的情况。网络的属性是由许多网站以超链接形式连接起来的水平结构，用户通过链接地址和搜索引擎进行访问。可是现在，就像我们在拥有超过8亿会员的Facebook上看到的那样，单个企业拥有的信息中相当一部分不再以网络链接的形式呈现给外部用户以方便他们利用搜索引擎进行检索。虽然这些信息有时会以开放接口的形式提供给第三方开发者或门户网站，但只要超过一定限度，外部企业就必须和Facebook另外协商，支付相关费用。Twitter也是一样，当用户使用门户网站的实时搜索功能查看Twitter文章的次数达到一定数值，该网站也必须向Twitter支付合作费用。

近年来，信息交流网Twitter和人际联络网Facebook慢慢渗透到地球村每一个人的日常生活中。问题是这种日常生活并不像普通的网络那样无条件对外开放。Twitter和Facebook允许用户链接和共享网络页面，各大网站都纷纷增设Twitter或Facebook图标，方便用户将网页直接分享到这两个社交网络上。然而，反向链接却很难实现，因为 Facebook、Twitter 这些以营利为目的的企业在借助用户力量对网络进行再建构的同时，会不断行使自己的信息控制权。

从 Facebook 近期推出的社交插件 Connect 和 Graph API 看来，这一平台企业巨头应该不会将现有的网络拒之门外，相反会采取吸收和包容的战略。这种做法看似开放，然而从另一种意义上来说，只是扩大 Facebook 影响力的一条妙计。这种由少数平台巨头控制信息开放权的状况，终将威胁到网络的创立理念。Web 的创始人提姆·伯纳斯-李就曾对 Facebook 这类平台企业掌握了过多信息的状况感到忧虑，他发起"Linked Data"这个以数据开放代替文档开放的项目，并不是一个偶然。

在追逐利益的企业——尤其是可能上升为支配地位的平台企业手中，正不断地涌入大量的个人生活信息。这些信息非常重要，但个人对它们的控制权能否得到保障是个疑问。Facebook 就曾因为向广告客户过多地提供用户的个人信息而接受过调查，也因此延迟了向第三方开发者提供用户的电话号码、住址等信息的计划。谷歌出于街景视图服务的需要，派遣了专用车辆到街头拍摄照片，但这些车辆竟然会同时搜集 WiFi 网络用户的个人隐私，这在全世界范围内引起了广泛争议。

企业是否需要平台

平台是效率、战略和市场途径（market approach）的竞争，利用共享平台以低成本满足多样化的消费者需求、有效的竞争和发展战略以及与补助有关的市场途径等都是至关重要的。

对平台巨头之间的竞争，其他企业不能像隔岸观火一样坐等比赛结果。

支配型平台企业脱颖而出的现象必须引起其他企业的警惕，尤其是当企业赖以生存的主要客户群与这些平台企业的经营范围重叠时，情况就格外危险。

在这种潜在威胁之下，会涌现出一些什么样的企业呢？运用平台战略赚取利润的企业会大量出现。例如，与广告有关的电视台、媒体和地区广告商，与沟通有关的移动通信商、解决方案提供商，与支付有关的信用卡公司、增值网络运营商，提供搜索服务的门户网站运营商，与网络连接的消费家电制造商，等等。跨国平台企业将会多角度地同时涉及各个商业领域，解读这种变化并灵活应对将成为企业成长的关键。虽然并非每一家企业都有必要成为主导型的平台运营商，但所有企业都必须与外部企业建立良好关系，以准备应对未来的平台之战。

平台建立在规划、战略和企业文化之上

在韩国，试图掌握市场支配力的企业制定各自的技术标准和流通方式，争相圈定自己的市场领地，这些策略都被冠以平台的称呼。例如，韩国的移动通信商向手机用户提供音乐欣赏服务时，曾设置互不兼容的保护装置，令用户无法在其他运营商出售的手机上使用该服务。这是一种为了加强手机数字音乐控制权而存在的流通平台，它在巩固现有市场方面的用处大大超过了产生新生市场的潜能。又如，在数字电视传输领域，有线网络运营商和无线网络运营商之间传输方式和信号接收验证系统的不统一导致了生产效率的低下。由此可见，媒体流通平台的问题很早就有了。如果仅仅把平台视为企业竞争的技术性工具，那么平台所能带来的价值就很有限，它的作用就从我们一直强调的核心杠杆变成了装饰花边。

为了让平台从"花边"变成帮助企业成长的"杠杆"，企业必须重新制定平台的基本运用策略。我在前文提过平台巨头的三大资质，企业必须同时向能托起地球的大力神阿特拉斯、教人取火的普罗米修斯以及为人打

造精良装备的独眼巨人学习。

在支配型平台企业必须发挥的三项作用中，最重要的就是普罗米修斯所代表的创新作用。只有外部企业被平台企业的创新成果所吸引，余下的两项才有意义。外部企业为平台企业完善创新成果而提供的服务应该是锦上添花的效果，而不是产生完全不同的新成果，这是平台与开放式创新之间最大的差异。开放式创新多以公开征集作品等形式进行，尽管它也和平台经营一样反映了企业的创新需求，但却不需要做创新的领跑者。

其次，平台企业对外展示的可信赖度和市场连接非常重要。对外部企业来说，平台企业提供的工具可能只是数十个方案之一。如果平台企业不能持续地投资平台建设，使之具备强大的竞争力，那么外部企业在该平台上运营第三方服务的机会成本就很高。从这个意义上说，平台运营不能只是某个业务部门的管辖范围，而应是一个为企业的中长期战略负责的组织，必须有经营团队的强力支持和企业的长远规划作为依托功。Facebook和Twitter的高层管理团队都一致认为公司应当成为超越单纯社交网站的平台企业，以此为中心，他们不断地调整对未来发展的规划。

在市场连接上，属于非英语圈、内需市场又相对较小的韩国基本处于弱势。为了把这项弱势变为优势，企业必须拥有创新思维，尤其是瞄准全球市场的企业必须意识到市场连接的重要性，企业已经不能再像以往那样把国内、国外分开考虑，墨守成规只会让自己陷入困境。在世界上享誉盛名的谷歌搜索网站在韩国市场的占有率一度不到5%，当时就有人断定跨国服务企业难以在韩国一展拳脚，这种盲目的优越感实在令人担忧。

当时，导致谷歌在搜索方面力不从心的最主要原因，还是韩文信息被限制在了Naver等门户网站当中。过去，Naver利用用户问答服务"知识iN"来确保垄断内容，发表在博客和Café上的文章也在此列。在通用的国外网络信息基础上提供有价值的国内垄断资讯，这原是击败国外竞争对手的好方法。然而，就像我们在苹果、谷歌、Facebook和Twitter等案例中看到的那样，国外的各大平台企业如今已逐渐成为垄断资讯的中心。近来韩国的 Facebook 和 Twitter 用户迅速上升就是因为语言障碍相对较小，即便网站上事先没有设置韩文语言，用户之间的交流也不存在什么问题。只要跨国企业的众多平台进一步发展云技术，为不同国家的平台制作补充产物，企业进入服务市场的门槛就会越来越低。

平台企业的成功最后需要的是什么呢？为了保障高难度的平台运营，除了前面提到的规划、战略、组织和创新等需要有机结合起来之外，企业文化也是很重要的因素。与外部企业之间的精诚合作、为了不断进步的自我创新、在构建商业生态系统的过程中共享内部价值这些精神若不能成为企业文化的基础，企业想要持续发展就很困难。

这种企业文化还包括企业成员不急功近利、在合理规划下的耐心等待和相互激励等。起亚汽车在 2006 年聘请希瑞尔后花了 5 年才在所有车型上启用新的设计平台。

对起亚汽车来说，这个过程既是对外寻找独特设计风格的时间，也是对内营造员工宽松的思考氛围、建立创新文化的时间。真正能够撼动市场的平台就是需要这样长的时间，在这期间，只有依靠强大的经营团队和文化，企业才能持续发展下去。

最后的问题：是制定游戏规则，还是遵守游戏规则

竞技场都有既定的游戏规则，规则由开设竞技场的人制定。同样，平台竞争中也有游戏规则的制定者、遵守者和违反者这三种角色。其中，损失最重的就是游戏规则的违反者。即便他不参与游戏，其客户群所在的领域也很可能在不知不觉中被卷入平台游戏的漩涡。

网站运营商原本和应用程序商店没什么关系，但在不断激增的数以万计的应用程序中，出现了无数的竞争产品。网络的收益模型正在从应用销售转变为在免费应用中植入广告或小额虚拟物品的交易。这种趋势不可能

不对网络服务产生影响。

制定规则的平台企业虽然有很高的运作风险，可是一旦经营成功，从中获得的好处将难以估量，因为网络效应基础上的经营都有很好发展的机遇。尽管如此，相当数量目光短浅的大型企业却仍仅依据竞争原理进行平台投资，竞争对手生产了什么，我就要跟着生产，这样才能获得安全感。这样一来，平台规则的适用范围就被局限于自己的既有根基，被用作防止现有客户流失的防御手段。花边型平台向外部企业提供的价值不明确，前景也很模糊。

平台经营的王道首先是网络规模。企业没有必要在所有平台领域都开展竞争、树立霸权，重要的是找到核心竞争力，将之发展为中长期的平台。如果可能，尽量成为制定规则的一方。在其他领域，要与别的平台企业建立良好的连带关系，这指的是一种遵守对方规则的积极关系。甚至在平台企业巨头之间，也常见这种连带关系。企业在彼此不受侵害的前提下可以进行联合，只要不是像苹果、谷歌和微软那种开展全方位竞争的企业，这种双赢的合作关系还是普遍存在的。

倘若自己的竞争力不突出，又该怎么办呢？那就必须从提高市场效率和开放性上找方法。运用自己不具备的东西也可以完成创新，但是需要制定自己的规则和平台战略。维基百科就是由人们共同创建的世界第一大百科全书，另外，以会员制创办后免费向全世界公开演讲内容的TED也在此列。只要发挥连接供与求的市场调节作用，在一般的付费模型之外找到合适的收益方式，即便一开始缺乏资源，也能成长为优秀的平台企业。

面对以美国为中心的平台领导者,我们能做什么

我们现在看到的平台巨头一般都是美国企业,有人开玩笑说,即便不能预知平台战争的最终结果,也能知道必然以美国企业的胜利告终。目前,美国经济不景气,制造业和金融业生存艰难,但拥有优秀平台的企业却仍在持续成长。人们不禁要问:为什么大多数平台巨头都诞生于美国?为什么韩国没有在平台方面特别出色的企业呢?难道仅仅是内需市场和语言、文化方面的差异吗?

企业的生态系统保障杰出平台的诞生

苹果、谷歌、微软、Facebook、Twitter乃至近来涌现的Zynga公司全都位于美国硅谷附近。正是硅谷所具有的便捷的资金吸引手段、优秀的工程师和策划人以及活跃的企业家精神,催生了这些平台企业的巨头。

如果说硅谷提供了优越的企业环境,那么广阔的内需市场则为企业的短期大规模成长提供了可能。只要能在美国这个多元文化的社会中立稳脚跟,企业的经营就很容易扩张到全球。尤其是美国拥有著名的唱片公司和好莱坞电影制片厂等媒体企业,形成了全球最大的消费家电市场,从这个意义上说,平台出现的可能性无疑高过了其他国家。

内需市场的大小无法即刻改变,在此我们暂且搁置,先谈一谈企业环境和文化部分。新生平台企业在发展业务的各个阶段都需要资金,不仅要增加员工,还要开发新的产品和服务及确保运营和市场销售。创业的启动资金一般来源于家人、朋友等,但是当经营步上正轨后,就需要吸引别的投资。尤其基于平台的业务,如果客户群之间的积极网络效应强大,客户

数量就会迅速增加，企业必须迅速追加投资才能跟上客户发展的速度。因而，超出预料的飞速成长对企业来说反而可能是一种风险，假如客户持续涌入，企业却应对迟缓，那么丧失客户的结果就等于把机会原封不动地让给了后起的竞争对手。

今天的谷歌虽已变成一家巨型企业，但它最初不过是一种搜索引擎的算法，如果缺乏收益模型，找不到投资者，也许会因为买不起运行搜索服务的服务器而关门歇业。如果当时谷歌将算法卖给别的公司而中止创业，也不会有今天的谷歌。Facebook也是自马克·扎克伯格从哈佛大学休学、将总部迁至硅谷后，才迎来大发展的。Twitter的情况也类似，它在提供免费服务并对外开放接口、允许第三方开发者使用内部信息之后，在相当长的一段时间里都没能创造满意的收益。可是相信它潜力的长期投资者却持续不断地为它提供运营费用，现在的Twitter终于迎来了大规模发展的时机。

硅谷的投资者往往偏好自己周边的企业，因为他们不只是注入资金、等待结果，还要从各个方面考量企业的成长状况，譬如它的人脉、经营或战略合作等一系列问题。企业在好的创意和技术的基础上制成样品，投放市场，当获得一定认可后，就开始正式吸引投资。这样成长起来以后，企业的一整套社会系统会很连贯地运作起来。拥有创建企业经验的经营团队或选择重新组建新的公司，或选择兼任投资者的角色。成功的企业越多，企业的投资环境越好，这种良性循环系统很好地维持了下来。在美国，这种创立过数个成功企业的人被称为"习惯性"（habitual or serial）企业家，受到人们的广泛尊重。

在韩国，投资新生企业的土壤还比较贫瘠。在"互联网热"的时代，一个主页和一纸经营计划书就能引来无数投资，这种盲目投资造成的血本无归的痛苦成了投资者心理上的创伤。现在，创业者通过个人信用或他人担保来筹集初期资金，一旦经营失败，个人就要承担所有风险，这是一种致失败者于死地的游戏，因此新生企业很难涉足在初期就需要阶段性投资的平台经营。

不仅吸引资金是问题,企业发展到一定水平后,面临的问题会更多。首先,企业的收购市场不够活跃,在企业经营的问题上,可供选择的对策很有限,企业在遇到困难时难以觅得出路。而且,只要新生企业在市场中造成了一点反响,大企业就会运用内部资源跟风似地推出相似的服务,在资金和速度上将新生企业置于不利的竞争状况。对新生企业来说,本应是投资者的大企业反而成为潜在的竞争对手。管理这种资金吸引的困难和与大企业的竞争风险不是一件容易的事。

大企业当然需要确定平台战略,采取自己的行动。但一个社会要想有竞争力,就需要多样性。四五年前的 Twitter 和 Facebook 也不过是乳臭未干的新生企业。如今,Foursquare、Zynga、Groupon 等又一批新生企业正以不输于他们当年的速度成长起来——当然,这些新生企业要想具备平台巨头的资质,尚需时间的磨砺。近来,韩国国内经常谈及企业生态系统、大企业与中小企业之间的互惠创新等概念,可惜都局限于在大企业设定的系统中对合作公司提供更多优惠。以特定企业为中心的生态系统固然有它的作用,但若希望韩国能更多地涌现出"杠杆"型平台,就必须从整体上改善激励中小企业的社会系统。

规则制约网络的效应与大小

鼓励平台成长,还需改善的是韩国国内的规则。虽然一切规则都有它的存在理由,在任何情况下都需要规则,但到了地球村时代,规则虽然在调节微观市场方面必不可少,在宏观方面却需要重新探讨。在这个问题上不能短视,必须从 50 年甚至 100 年后是否还需要这些规则的角度上去慎重考虑。

同一平台性质的服务,由韩国企业在国内运营和由国外企业在其他国家运营在环境上就存在很多不同。举一些大家都熟悉的例子,比如,我们制作游戏时,需要事先通过审核或者注册为游戏开发公司,使用位置信息的服务需要事先获得用户的许可,网站用户数多时需要通过实名验证才能发表文章,等等。这些规定提高了创业的门槛,减少了优秀平台企业出现的可能。一项规定算不了什么,可是许多规定累积下来,新生企业就不得不把心思更多地花费在与业务无关的事情上。

在规模经济方面,规则也是一个绊脚石,因为规则本身就导致了市场的区域化。对企业来说,如果遵从政府意志,就会与全球化意识部分抵触,因为企业不得不分国内、国外市场进行二元化管理。这不是事先通过审核就可以的,规则会对用户协议乃至服务本身都造成影响。当内需市场较小时,倘若企业一开始就缺乏全球意识,即使平台幸运地成长到了一定水平,将来也很可能会陷入困境,毕竟国内外在很多方面都存在差异。然而,国内诸多规则却要求企业在建立面向全球市场的平台时要充分考虑韩国的国情。

在这里,并非否定这些规则存在的合理性,而是事物都存在经济学上的外部效应(external effect)。WIPI 移动平台[1] 在意图和应用上虽好,但当所有手机都必须搭载的强制规定出台后,问题就产生了。这样做固然抑制了国外手机进入韩国市场,保障了韩国手机制造商的利益,但却导致韩国花费了大量时间才能跟上国际主流变化。这个过程中整个社会支出的社会性成本可能高于厂家获得的利益。

即便像 Facebook 和 Twitter 那样总部在国外的企业,只要在韩国开设分公司,就必然受到韩国法规的制约。这样会妨碍国外企业在韩国的投资,而且规则也很难被彻底贯彻。例如,在韩国往 YouTube 上传视频时,由于

---

[1] Wireless Internet Platform for Interoperability,无线互联网交互平台,是韩国于2005年在其国内强制推行的单一的无线互联网标准,于2009年解除强制规定。

实名制问题会导致上传失败，但换一个国外账户登录就可以无限制地上传。企业即便制作了韩文版的服务，其中的用户协议通常也是从国际标准协议翻译过来的。这样，韩国的新生平台企业就只能在不利的条件下与国外企业展开竞争。

权宜之计还是百年大计

根据情况采取紧急措施处理眼前的问题，叫做权宜之计。相反，根据100年后的前景制定宏伟蓝图、树立宏观战略，则叫做百年大计。在日新月异的当今世界，平台战略应该接近这两者中的哪一个呢？

对平台的规划应该是一项百年大计。当然，这并不是说一个平台必须经历100年的时间。平台企业基本上是以网络连接几个客户群，其机制决定了它需要一定的启动时间。它在自我创新的同时，又会对外开放部分创新成果，诱导外部企业在原有创新的基础上制作新的服务产品。这种过程只有经过不断重复，才可能最终形成自给自足的商业生态系统。没有带领企业走过百年风雨的雄心，却寄希望于别的企业在自己的平台上创造价值，这本身就是一种贪婪的表现。

平台的百年大计要从企业存在的合理性上出发，因为平台必须要在自身存在的基础上对外界产生影响。苹果为了生产美观而智能化的产品、谷歌为了成为最大的媒体企业、微软为了捍卫Windows操作系统王国，都在不遗余力地投资平台事业。Facebook的马克·扎克伯格梦想建立一种以人为联络点的新型网络，Twitter立志成为最快速、最丰富的信息网络，贝宝宣称自己将成为未来最主流的消费支付方式，Skype则野心勃勃地想成为地球上最具代表性的移动通信商，他们也都在寻觅各自的平台发展道路。

韩国要想产生不输于这些跨国大公司的平台，企业必须拥有独特的"创业梦想"，并在梦想与规划的推动下，在100年里不断地朝着目标奋进。为了实现平台的百年大计，对于那些现在看来匪夷所思、却具有长远意义的投资，企业必须拥有独具慧眼的能力及运筹帷幄的勇气。最终，这一切的实现都要依靠梦想与自信。

在操作系统开发方面全无经验的谷歌突然推出了安卓操作系统，Twitter把几乎全部的服务以接口的形式开放给外部企业，他们在取得今天的成功之前，都展示了无与伦比的勇气。苹果同样打破了移动通信商坚不可摧的市场壁垒，让iPhone大获成功。从它又大力投资数据中心起，苹果已经兼具了梦想、百年大计和勇气三大成功要素，足以成为未来平台企业的榜样。

开启未来之门

在韩国买了iPhone的人大都会依次安装Twitter和Facebook客户端，然后再开始正式使用手机。韩国也已经开始自主地研发应用程序，许多应用不仅畅销国内，还远销海外市场。国内门户网站纷纷重新制定了移动战略，移动通信商也正在思索应对Skype等免费网络电话的方案。不过，苹果对iPhone、iPad等产品销售的重视程度超过了应用程序，谷歌也对广告青睐有加，这对消费者来说是一大幸事，因为美观的产品设计、几近免费的应用程序、便宜而功能强大的智能手机会为消费者带来实惠。

iPhone带来的文化冲击刚刚平息了一些，市场上很快又产生了更多令人目瞪口呆的新生事物。这是因为平台企业巨头之间的战争已经打响，新生企业的亮相总能吸引人的眼球。网络逐渐从有形之网变为无形之网，所有消费家电上连接网络的那一天已不再是遥远的梦想。日益提升的网速和随时随地地可接入性让网络逐渐地媒体化和应用程序化。管理互联网重要领域的平台企业逐步扩大自己的"发电厂"规模。用于网络消费的电子产品日益增多，互联网上的服务也将越来越倾向于依赖平台企业。

网络以消费家电为媒介从虚拟走入现实之后，也将会通过消费家电搜集到更多的信息。如果说目前为止互联网上充斥着的是各式各样的文档、视频、应用、广告和人们之间的交流信息，那么将来它还会进一步囊括现实生活中的实时资讯。通过传感器或信息网络搜集和提供实时信息的企业已经产生，网络世界与现实世界之间的距离正在一天天缩短。

数不清的事物通过互联网连接起来，网络上的信息量不断膨胀。从现实事物中搜集信息不再是科幻电影的桥段，而正变成我们未来的生活。为了让这种趋势朝有利于人们生活的方向发展，我们需要确保商业生态系统的多样性和水平型结构，并具有危机意识，鼓励多个参与者的竞争和互相牵制。

到此为止我们探讨的平台都是以支配型企业制定的规则为中心运转，反垄断的开源社区和野心勃勃的新生企业会不断诱导市场回到最初的轨道上，最终使用平台的消费者、完善平台创新的第三方企业及开发者也会成为平台企业的牵制力量，防止其滥用权力。总而言之，在网络通过与消费家电互连的方式向新形态发展的过程中，会诞生许许多多的创新成果，直接或间接受其影响的企业数量会超出我们的想象。因此，现在正是制定积极战略和采取行动化危机为机遇的时候。

后 记
平台企业的未来

最初想写一本有关苹果、谷歌等跨国公司平台战争的书时，我并没想到执笔的过程会如此艰难。我一直自负是一个对平台企业的动向和战略有着深入理解的专家。可是，要从平台角度对这些跨国公司进行集中论述，就必须回归原点，重新审视他们。这个过程花费的时间比我预想的要多很多。不过，我却借此对自己以往的观念进行重新检视和修正，从中获益良多。

执笔过程中，我时刻牢记的原则之一就是不过分集中于如潮水般涌来的新闻事件的表象。事实上，书中所讨论的这些平台企业的热点新闻的确是一天一个样。但我不想放掉埋没于这些表象之下的本质，我的关注点不是苹果、谷歌、微软和Facebook这些平台巨头炒作出来的新闻，而是他们背后的意图和平台战略。所以，在写作本书的过程中，我暂时收起了在Twitter和Facebook上看文章的兴致，因为将Twitter和Facebook上已有的文字誊写到纸上，再编成书出版这种方式不合我的性格。大概别的作者也跟我一样。

通过探讨平台这个重要的时代主题，整理平台巨头的战略以及那些在主要领域中已经发生或即将发生的事情，我希望能对今后企业树立平台战略提供帮助。希望本书能帮助大家理解以互联网与消费家电的连接为象征的移动革命以及互联网的宏观发展脉络。我最希望看到的是韩国的企业能够怀揣着梦想，制定宏伟蓝图，成长为立身百年的平台企业。也希望韩国能够早日建成真正意义上的企业生态系统，像美国的硅谷那样，为新生企业营造一种能够在数年之间成长为有影响力的平台企业的良好环境。书中若有需要大胆论述的部分写得过于小心，或需谨慎的部分讲得过于夸张，又或者存在因调查不力导致的数据错误，欢迎各位读者批评指正。